宗教学者の父が娘に語る宗教のはなし

島田裕巳

牧野出版

はじめに

宗教という現象は、現代の社会においてとても重要な事柄になってきています。

人類全体を考えれば、地上にある民族や国家のなかで、宗教が存在しないところはありません。

共産主義は、宗教の存在意義を否定しましたが、ソビエト連邦が崩壊してみると、ロシアにおいては依然としてロシア正教が力を持っていることが明らかになりました。

経済発展が著しい中国では、それによって格差が拡大したこともあり、キリスト教に入信する人たちが増えています。

資本主義の国においても、たとえばアメリカで大統領選挙が行われるとき、共和党の候補者は必ずキリスト教プロテスタントの福音派の支持を集めて、大統領への道をめざします。

日本でも、靖国神社のあり方が周辺諸国との軋轢を生むなど、特定の宗教に対する信仰が外交問題にまで影響を与えています。

文化ということに限って話をするならば、日本における美術の歴史をたどっていけば、そこに宗教が大きな影響を与えていることが分かります。なかでも仏教の影響は、はなはだしいものがあります。

分かりやすいところでは、国宝に指定されている彫刻を考えてみればいいでしょう。現代（２０１６年2月時点）では、１３０件が指定されていますが、そこに含まれるのは仏像か神像、あるいは仏教の僧侶の姿を描き出したものです。仏教や神道がかかわらない彫刻は一点も国宝には指定されていないのです。

人類は、宗教とともにその歴史を重ねてきました。最近、先進国では宗教離れという傾向が強まってはいますが、逆に宗教への関心が高まっている国や地域もあります。宗教のことを無視して、歴史や文化について考えることも、語ることもできません。

ところが、宗教について学ぶ機会というのは、かなり限られています。

宗教が背景にある私立の学校では、「宗教」などという授業時間が設けられていて、そこで宗教について学ぶことになります。でもそれは、それぞれの宗教の教えを中心としたもので、宗教全般について学ぶものではありません。

公立の学校では、歴史や倫理の時間に宗教について学ぶこともあります。しかし、それほど詳しく勉強することにはなりませんし、表面をなぞっただけで、いったい宗教というものが、大きく言えば人類の歴史や、絞ってみれば私たちの生活に、どのような影響を与えているかまでは到底学んだりはしません。

唯一の機会があるとすれば、大学に進学したときに、宗教学や宗教史などの授業を履修したときでしょう。

私も現在、大学でそうした授業を担当していますが、学生たちにとって、それはとても大切な機会になるように思います。あるいは、多くの学生にとってはそれが、人生のなかで、ただ一度、宗教について本格的に学ぶ機会になってしまうのかもしれません。

大学生のような若い人たちが宗教に対して関心をもつということは、決して多くはありません。それを身近なものと感じることもなければ、大切なこととも考えないことでしょう。

ところが、日本の場合には、年齢とともに宗教に対する関心が高まり、信仰率も上昇していくという傾向が見られます。若いときに、宗教になどまったく無関心だった人でも、50代、60代になると、急に宗教はやはり大切なのではないか、自分も、信頼できる宗教と出会いたいと考えたりするようになるのです。

この本は、私が大学で行っている宗教関係の授業をもとにして、宗教という現象についてやさしく解説したものです。

やさしく説明するときに、娘に説くという形にした方が、どうも分かりやすいのではないか、そのように考えて、この形を選択しました。私には実際に娘がいますから、とても自然な形で宗教について語ることができるように思えます。

宗教は、人間が人生のなかで経験するさまざまなもののなかでもかなり特殊なもので、その分、とても重要なものだと言えます。その特殊性と重要性がどういったものなのか、この本を通して、その点を読者の方々に理解していただければと考えます。

宗教学者の父が娘に語る宗教のはなし◯目次

装　丁◯緒方修一
本文DTP◯小田純子

宗教学者の父が娘に語る宗教のはなし

イギリスの人たちは教会になんて行かないんだって !?

いつもメールでやり取りしているので、改めてここで書く必要もないのかもしれないが、君も元気でやっているようで、それは何よりです。

考えてみれば、君は小学生の頃から、けっこう外国のことに興味を持っていたよね。だから、将来はきっと留学することになるのではと思っていたけれど、やはりその通りになりましたね。

子どもの頃の君は、アメリカのバラエティー・ドラマをよく見ていたし、だんだん洋楽にもはまっていった。

その一方で韓国のアイドルグループのファンにもなったし、そのせいでいつの間にか、どこかで習ったわけでもないのにハングルが読めるようになっていたのにはびっくりしました。

何ごとも関心があるかどうかが重要で、人間、興味を引かれた事柄についてはとことん知ろうとするようになる。逆に、無理に勉強させようとすると、かえってそれで拒否反応が強くなったりする。

留学も、君自身が決めたことだから、それは楽しいに違いないでしょう。これから一年のあいだ、君が何を学んで帰ってくるのか、ママも僕も、それを楽しみにしています。

そうそう、ここでは肝心な話をしなければならないね。

イギリスに行ってから、宗教について関心をもったそうだね。

それは、君は宗教学者の娘なわけだから、海外へ行けば宗教について関心を持つようになるのも、しごく当たり前のことだとは思うけれど、けっこうショックを受けたみたいだね。

「教会に行く人がほとんどいないのにびっくりした」と君はメールに書いてきた。周囲にいるイギリスの人たちは、日曜日になってもほとんど教会に行かないそうだね。やはりそうでしたか。

僕は、それほど詳しく調べたわけではないけれど、大学で授業するときに必要なのでざっと調べて見たことがあるんだけれども、たしかに、イギリスでは日曜日に教会に行って、ミサにあずかる人の数が激減している。今では10パーセントを切るくらいだということは、前から認識はしていたんだ。

君のメールで、それが間違いのない事実だということを教えられたわけだけれど、イギリスでは、今でもキリスト教を信じていると答える人が全体の60パーセントくらいはいるものの、10年前に比べると10パーセントも減っているとか。10年で10パーセントも減るなんていうのは、そりゃ大事だよ。なにしろ、宗教というものは人生の根幹にかかわることだからね。

反対に、神を信じない「無神論」だと答える人が増え、全体の4分の1くらいになっているようだね。

これは最近の傾向だ。どうも他のヨーロッパの国でも同じらしいが、宗教を信じる、この場合はキリスト教を信じる人ってことになるけれど、その割合がものすごいスピードで減っているらしい。

イギリスにはないようだけれど、ドイツやオーストリア、あるいは北欧の国々には「教会税」というものがあるんだ。キリスト教の信者で教会に所属している人は、所得税とは別に、所得税の10パーセント弱くらいを、教会税として納めなければならないという制度がある。教会ではなくて国が徴収するから逃げようがない。最近は、どこの国でも政府の財政が悪化していて、その分税金が高くなっているから、その教会税を払いたくないと思う人が急速に増えている。とくに若い人たちは、教会に行くという習慣もないので、どんどん教会から離れているわけだ。

そんなわけだから、そうした国々では「教会離れ」が深刻化しているらしいね。君も、イギリスに行ったことで、現地でその実態にふれたというわけだ。

君も、行くまでは、そんなふうになっているとは考えていなかっただろうね。

日本人は、キリスト教の国の人たちは信仰に熱心で、日曜日には必ず教会に通っていると、それこそ昔から信じてきたから、今はそうなっていないことにびっくりしたりする。

まあ、そういうことは、現地で接してみないと分からないものかもしれないね。

日本人が「無宗教」だというのは、君が日本にいたときもよく聞いていたはずだ。君自身も、「宗教は何か」と聞かれたら、「無宗教です」と答えるんじゃないかな。

僕は宗教学者なので、さまざまな形で宗教と接する機会はあるけれど、特定の宗教を信じているわけではない。だから、僕だって無宗教ということになる。

そこからすれば、君が留学しているイギリスの人たちのなかに、「無神論だ」と答える人が増えているのも、日本と同じ方向にむかっているんだと考えることもできるね。

でも、どうだろうか。

そもそも、日本人の言う無宗教とイギリス人の言う無神論とでは、意味が違うんではないだろうか。それは分かるかな。

無神論というのは、神は存在しないと考える立場だ。これまでのヨーロッパの社会では、どこでもキリスト教が浸透していて、ほとんどの人たちははっきりと神を信じていた。神を信じるということは、その神がこの世界を創造し、人間の生活に決定的な影響を与えていると信じることでもある。

アメリカでは、少し前まで90パーセントを越える人たちが「神を信じる」と答えていた。アメリカでも、その割合は少しずつ減っているようだけれど、キリスト教文化圏の人たちは、神への信仰を持つことが前提になっていた。

無神論の立場というのは、昔からあるんだけれど、それは哲学と言うか、理性の立場から、科学でその存在が証明できない神などいないと考える、そうした立場の人たちのことをさしていた。

ところが、現代では、哲学的に証明できないからということではなくて、感覚的に神が存在するとは思えない、あるいは自分にとって神という存在は意味をなさないと考える人たちが増えていて、その人たちが、自分たちは無神論であると言っているようなんだ。

無神論が大衆化したとも言えるわけだね。

昔、ニーチェというドイツの哲学者が、「神は死んだ！」と言って、ヨーロッパの人たちを驚かせたけれど、その考えが今では当たり前になっているとも言える。

それに対して、日本の場合だけれど、君や僕も含め、無宗教だと言っている人たちは、無神論の立場にたっているわけじゃない。神の存在を否定しているわけではないんだ。だってそうだろ。

そうそう、君が留学する前、家族で食事に出掛けたとき、たまたま近くの神社の前を通ったら、君が「寄っていこうよ」と言い出したのを覚えているよね。

家族三人で拝殿の前に行って、拍手を打って参拝した。皆、別に話し合って決めたわけではないけれど、君の留学が無事であるように祈ったんじゃないかな。

君も、いつになく長く祈っていた。それから君は、社務所で、「学業成就」と「旅行安全」のお守りを買っただろ。おみくじまで引いて、「中吉」が出てほっとした顔をしていた。昔、君がまだ小さかったときに、どこかの神社で「凶」を引いて、おまけに結婚できないみたいなことが書いてあったから、君が泣き出したことを覚えている。

もし君が無神論者で、神の存在を完全に否定しているのだとしたら、神社の神さまに祈ったりするのは、ひどくばかげた行為になる。お守りだってそうだよね。

君も、正面から「神を信じていますか」と聞かれたら、「信じている」とは答えないかもしれないけれど、神社で神さまにお祈りはするわけだ。

日本人は、僕らの家族のように、何かあると神社に行って、神さまにお祈りをする。神が存在すると強く信じているわけではないけれど、だからといって神がいないと考えているわけでもない。だから、お祈りはする。

かなり曖昧な態度ということになるけれど、それが案外、日本で宗教が生き延びている理由になっているのかもしれない。

イギリスで無神論だと言っている人たちは、そんな行動はしないはずだ。娘が留学するからといって、家族で教会に出掛けて、お祈りしたりはしないだろう。

そう考えると、日本人の無宗教というのは、いったいどういう意味なのか、それを改めて考えてみる必要が出てくる気がする。

日本人が無宗教だと言うときに、それは、神さまも仏さまも、そうした人間を超えた存在のことをいっさい信じていないということではないわけだ。

神も仏もいないと思っていたら、神社に行くのも、お寺に行くのも、信じていないものにわざわざ祈ろうとするわけだから、意味のないばかげたことになってしまう。

おそらく日本人の無宗教というのは、特定の宗教を信じていないとか、どこか特定の教団には所属はしていないという、そういう意味ではないだろうか。

留学前に、イギリスで「あなたの宗教は何か」と聞かれたら、あまり何も考えず「無宗教です」と答えない方がいいんじゃないかと僕が言ったのも、そういうことが関係している。

日本人は無宗教だからといって、宗教を否定しているわけでもなければ、神や仏を否定しているわけでもない。やはり無神論とはまるで違うんだ。

そこらあたりのことはなかなか複雑で、どう説明するか難しいところだけれど、イギリスの人たちの暮らしと比較してみると、日本人は案外、宗教的に見えてくるんじゃないかな。

あり得ないものが現れた

この前、「じゃあ、宗教って何なのよ」と君のメールにあったから、僕は、「宗教というのはレディー・ガガみたいなものだよ」と答えたら、君は「何言っているの。お父さん適当なんだから」と怒ってたよね。

たしかに、何の説明もしないで、レディー・ガガが宗教だなどと言い出すのは、間違いなく説明不足だ。けれども、とりあえず、そう言ったら、君が何かを考えてくれるんではないかと思って、僕もそう言ってみたわけなんだ。適当じゃないんだ。

何か考えてみたかな。

普通だと、むしろレディー・ガガは、宗教とは対立するものだと考えられているよね。なにしろ、国によっては、レディー・ガガがやってきてコンサートをするとなると、彼女の衣装があまりに過激なので、不道徳だと、コンサートに反対してデモが起こったりするわけだからね。

日本に来たときにも、空港でファンの前に現れたとき、ほとんど裸で、大事なところは隠していたものの、全身透ける白いタイツのようなものを着ていただけということがあった。

しかも彼女は、それが彼女にとっての「正装」で、日本のファンが自分を支持してくれるから、正装で現れたと答えていた。日本では、デモは起こらないけれど、呆れた人だっていただろうね。

世間の関心を集めるためなら、彼女はどんなことでもするんだと思った人もいるだろう。そういう人は多いと思う。

でも、その一方で、ファンはもちろんだけれど、「レディー・ガガはさすがだ」と思った人もかなりいたんじゃないかな。

実際に、空港で彼女を迎えたファンの人たちは、ほとんど裸で現れたレディーガガの姿を見て、度胆を抜かれたはずだ。

コンサートのステージでは、これまでもそんな格好をしたことがあるけれど、なにしろそのときは空港だからね。これまで、そんな格好で現れたスターなんていなかったはずだ。

ファンのなかには、その光景に接して、異様な感覚をおぼえた人もいたんじゃないだろうか。

あり得ないものが目の前にあるという、それまで経験したこともないような衝撃を受けた人がいても不思議じゃない。

それは、普段とは違う非日常の体験だ。普段は人が行き来するだけの空港が、その瞬間だけ特別な空間に変わったんだ。

逆に、そんな感覚を生まなかったとしたら、レディー・ガガの試みは失敗したことになる。

そのとき、何か異様なものにふれた。彼女としては、ファンにそう感じて欲しいからこそ、そんな大胆な試みをしたはずだ。

いくら、大胆さでは知られている彼女にしても、それはかなり勇気がいることだったんじゃないかとも思う。それは裸が恥ずかしいということではなく、ファンにその試みが理解されないのが恥ずかしいという、そういうことだと思うね。

でも、レディー・ガガは、いつだってレディー・ガガじゃなきゃいけない。つねにファンに衝撃を与える存在でなければならないんだ。

僕は、こうした彼女のパフォーマンスを宗教として考えることができるんではないかと思っている。

別にそれは、彼女が宗教家だというわけじゃない。教祖とか、開祖とか、そういう人物だというわけじゃない。別に彼女は、教えを説いているわけではないからね。

でも、宗教というものの基礎には、体験ということが必ずある。宗教が生まれてくるというときには、その宗教を開いた教祖や開祖といった人たちの体験が出発点になっている。教祖や開祖は、神や仏に出会ったという体験をしていて、そこから教えを説くようになるからだ。

開祖や教祖ではなくても、「神秘家」と呼ばれるような宗教家でも同じだね。やはり何か特別な存在と出会うことによって、信仰の道に入っていく。

一般の信者だって、そんな出会いをする人がいる。

僕らのように、神社の拝殿の前で祈っているだけではそうはならないけれど、懸命に祈り続ける人に、神さまや仏さまが現れる、降りてくるということは、いくらでもあることだ。

どうだい、レディー・ガガが宗教だと言った意味が分かってきたかい。

レディー・ガガそのものがエピファニーなんだ

これは宗教学で使われる用語なんだけれど、「エピファニー」ということばがある。ほとんど裸で現れたレディー・ガガは、このエピファニーかもしれないと、僕は思うんだ。

このエピファニーは、日本語では、「公現祭」とか、「神現祭」とか訳されていて、キリスト教でイエス・キリストがこの世に出現したことを祝う日のことをさしている。

具体的には1月6日が、その祝日になっているんだけれど、日本のカトリック教会では、1月2日から8日までのあいだの日曜日に祝うようになっている。キリスト教のお正月のようなものだと考えてもいいかもしれない。なにしろ、キリストが出現することによって世界が変わったわけだからね。何もかもが新しくなったと言ってもいい。

でも、ここで言うエピファニーというのは、そうした祝日に限定されるものじゃない。

君は知っているかな、世界的に有名な宗教学者にミルチア・エリアーデという人がいた。もう故人だけれど、現代の宗教学の世界では一番影響力のあった学者だ。今でも、影響力は衰えていない。

僕の本棚にも、エリアーデの『世界宗教史』という本が並んでいるんだけれど、見たことがないかな。かなり厚くて、立派な本だ。その第2巻は、僕も翻訳の作業に参加している。今は文庫版になっていて、僕が担当したところは第3巻にあたるんだけれどね。

エリアーデは、ルーマニアの生まれで、政治的な理由から、戦後、亡命生活を送るようになった。はじめはフランスのパリにいたんだけれど、最後は、アメリカのシカゴ大学に呼ばれて、そこで宗教学を教えるようになった。そのこともあって、シカゴ大学は宗教研究のメッカになっていくんだけれど、日本にも、一度だけ来たことがある。まあ、僕が宗教学の学生になる前のことだから、実際のエリアーデには会ったことがない。

ちょっと言っておかなくてはいけないんだけれど、日本では、宗教について客観的に研究する立場のことを「宗教学」と言っている。だから、僕は宗教学者を名乗っているわけだ。

ところが、海外では、宗教学という言い方はあまりしないんだ。むしろ、「宗教史」という言い方の方がよく使われる。そこには、日本と海外の宗教観の違いということが影響しているんだけど、ちょっと話が複雑なことになるので、その話はいつかすることにしよう。

というわけで、エリアーデも海外では、宗教学者ではなく、「宗教史家」と呼ばれているんだけれど、そのエリアーデが、神聖なもの、聖なるものが出現することをさして、このエピファニーということばを使った。

宗教の世界では、体験ということがとても重要な意味をもっている。宗教家というのは、日常のなかでは経験しないような特別なことを体験して、それで宗教の世界に入っていくことが多い。「宗教体験」というやつだね。

たとえば、修行なんかをしている最中に神と出会うという経験をした宗教家は多いけれど、そのとき宗教家は、日常の世界をはるかに超えた聖なるものと出会い、それに圧倒されることになる。

エリアーデは、そうした体験をエピファニーと呼んで、それこそが宗教の根本にあるものだととらえたんだな。

エリアーデという人は、本当にいろいろな宗教現象について研究した人で、だからこそ世界の宗教の歴史を全体として描き出す『世界宗教史』という途方もない試みに乗り出したわけだけれど、初期には「シャーマニズム」の研究をやっていた。

シャーマニズムというのは、シベリアでシャーマンと呼ばれる呪術師が実践する宗教行為のことをさしている。シャーマンになるためには、肉体から魂を分離させ、その魂が、日常とは異なる世界を経巡《へめぐ》っていくという体験をしなければならない。

君は、実際にそんなことがあるのかと疑問に思うかもしれないけれど、シャーマンになった人間は、自分の魂が実際にからだから抜け出ていったと考えている。そんな研究をしていたわけだから、エリアーデは宗教体験ということをとても重視して、それでエピファニーということばにたどり着いたんだ。

ほとんど裸で現れたレディー・ガガを前にしたファンは、普通はあり得ないことを体験していると感じたはずだ。そんな体験は他ではできないし、もしかしたら生涯に一度の体験になるかもしれない。

その体験を、それぞれのファンがどのように理解するかってことは、その後の問題になってくるんだけれど、もしファンがこのエピファニーということばを知ったとしたら、自分はエピファニーに遭遇したんだと思うんではないだろうか。

君も僕も、実際にそこにいなかったわけだから、本当にそれがエピファニーと言えるものかどうかは分からない。でも、僕はその可能性があると思っている。

ちょっと話が難しくなったような気がするけれど、これで終わりというわけではないから。また、時間ができたら、宗教とは何なのかについてまとめて書いてみようと思っている。

だから君も、僕が書いた宗教体験やエピファニーのことについて考えてみておいてくれないかな。

ではまた。元気で。

僕はサイババに会ったことがある

前回はそうだったよね。君が、「じゃあ宗教って何よ」と聞いてきたから、僕は、空港にほぼ裸で現れたレディー・ガガのことを例にあげて、エリアーデの説いたエピファニーの話をしたんだったね。

それで君も改めて、レディー・ガガの曲を聴いてみたんだろ。前からけっこう関心があったと思うけれど、エピファニーということばを頭に思い浮かべながら聴いてみると、前に聴いたことのある曲もちょっと違ったものになってくるんじゃないかな。

アメリカの有名なジャス・シンガーにトニー・ベネットという人がいる。もう80歳を超えているんだけれど次々とアルバムを出して、健在だ。そのトニー・ベネットとレディー・ガガがデュエットした「チーク・トゥ・チーク」というアルバムも勧めておいたけど、それも聴いたらしいね。

レディー・ガガって、歌がうまいだろ。改めてそんなことを言う必要もないかもしれないけれど、そのアルバムを聴くと、これだけうまいジャズ・シンガーは、今の世界にそれほどいないんじゃないかとも思えてくる。

こんなに歌がうまいなら、別に奇抜な格好をする必要もないのかもしれないけれど、彼女が歌だけで勝負していたら、これほどの地位にまでは登りつめられなかっただろうね。レディー・ガガが偉いのは、コンサート活動やCDを出しているだけじゃなくって、いろいろな慈善活動をやっていて、エイズ撲滅とか、貧困問題の解決とか、そういうことにも積極的なことではないだろうか。

日本で東日本大震災が起こったときにも、すぐに「日本のために祈りを」と書いたブレスレットを作って、その収益を全額、被災者に寄付すると発表した。それで、1億2000万円が集まって、ガガ自身も同額を寄付した。

欧米の社会では、「チャリティー」という考え方が発達しているよね。これは、やはりキリスト教の精神から生まれたもので、宗教と深く結びついている。

もちろん、キリスト教以外の宗教でも同じようなところがあって、イスラム教でも喜捨、寄進はとても重視されているし、仏教にだってある。

ただ、日本の場合には、慈善事業をしたとき、それをあまり宗教に結びつけたりしないんだけど、キリスト教社会では教会がその中心を担ってきたから、信仰と直接に結びついているわけだ。

こういうレディー・ガガの活動を見ていくと、僕はインドの宗教家、サイババという人のことを思い出すんだ。

君はサイババのことは知らないかもしれないね。もう亡くなっているし、最近では話題になることもない。

でも、1990年代の前半には、日本でもサイババのことがブームになったんだ。サイババは、何もないところから、インドのヒンズー教で神聖なものとされている灰を出したり、空中から時計を出してみせたりした。

そこでサイババには特殊な能力があり、聖人だということで、日本人だけではなく、とくに西欧の社会にはサイババに熱烈に帰依する人たちが出てきた。ハードロック・カフェのオーナーなんて、100億円以上の金をサイババに寄進したんだ。

そうなると、サイババは怪しいと言い出す人も出てきた。なかには、サイババが空中から時計を出すところをこっそり撮影して、それが手品であることを暴くような人間も出てきて、けっこうなスキャンダルになった。

実はね、僕は、その時代に、テレビ局から依頼されて、サイババのもとを訪れたことがある。ちょっとした事情があって、サイババには直接会えなくて、集会で遠くからその姿を見ただけだったんだけど、サイババの財団があるインドの街を訪れて分かったことがあった。

そこには、サイババの財団が経営する病院や学校があったんだけと、治療費も学費もタダなんだ。つまり、サイババのもとに寄進されたお金は、貧しい人たちのために使われているというわけだ。

サイババという人は結婚していないから家族もいないし、贅沢な生活を送っていたわけでもない。いつでも同じ格好をしていたし、遊んでいたなんて話はまったく聞こえてこなかった。まだ、社会福祉が十分でないインドの社会のなかで、宗教活動をやって、欧米の金持ちからお金を集め、それを貧しい人たちに還元している。

そう考えると、サイババが手品を使ったかどうかなんてことは、ある意味どうでもよくなってくる。お金を出した人たちだって、サイババに帰依して、自発的に寄進しているわけだから、それはそれでいいんじゃないか。そんな気にもなってくる。そういうことは、やはり現地に行ってみないとなかなか分からないものだ。

なんか話が少しずれてしまったけれど、そういうチャリティーの活動をしているにもかかわらず、レディー・ガガに対しては、前にも言ったように、国によっては、コンサートの内容がわいせつだと、開催の中止を求めてデモが起こったりするんだ。たしかに、ステージでも裸になったりするから、それを批判する人たちが出てくるのもしょうがないことだろうね。

エピファニーとして現れてくるものには、いつもそうしたことがつきまとう。スキャンダルや批判だ。激しいバッシングに見舞われることもある。そのことについてもいろいろ話さなければならないことがあるんだけれどもね。

メッカ巡礼も初詣に見えてくる

エピファニーのことについては、レディー・ガガのことだけじゃなくって、むしろ誰からも宗教家だと思われている人たちのことにもふれないといけないね。レディー・ガガは宗教家とは言えないわけだから。

宗教家というのは、生まれたときから宗教家であるわけでもないし、そうなると決まっているわけでもない。

もっとも、お釈迦さんなんかは、生まれたとたん7歩歩いて、「天上天下唯我独尊」と言い放ったと伝えられているから、もしそれが本当なら、生まれつきの開祖ということになる。けれどもこれは、伝説と考えた方がいいだろう。

イエス・キリストだって、母のマリアは聖霊によって身籠もったとされているから、神として生まれたことになる。でも、これだって伝説だし、だいたいイエス・キリストが人間としての性格と神としての性格をあわせもっているという教義が成立するのは、死んでかなり後になってからのことだ。

どんな立派な宗教を興した開祖でも、生まれたときはただの人間だ。まして、古代の開祖たちではなく、もっと新しい時代に生まれた宗教家となれば、人間として生まれ、何かの体験を経て、宗教家になった、あるいは特別な人間になったと考えた方がいい。

たとえば、最近は、世界中でイスラム教のことが話題になる。ヨーロッパでは直接にイスラム教をめぐって議論が巻き起こっているし、君のいるロンドンだってそうだろ。そのイスラム教を開いたムハンマドという人のことを考えてみてはどうだろうか。

ムハンマドは、お釈迦さんやイエス・キリストと比べると、随分と時代は新しい。なにしろ、生まれたのは５７０年頃のこととされている。ただ、生まれたときには、その赤ん坊がイスラム教という世界宗教の開祖になるなんて、家族も周囲の人間も考えていないから、記録もないし、生まれた年だってはっきりしない。

日本では、５７４年に聖徳太子が生まれている。ムハンマドは、聖徳太子の同時代人なんだ。

そう言うと、ムハンマドが生きた時代のことが理解しやすくなってくるんじゃないかな。亡くなったのは６３２年で、聖徳太子の方は６２２年だ。聖徳太子の方が生涯が短かったことになるけれど、二人はまさに同時代人なんだ。もちろん、お互いにその存在は知らないわけだけどね。

ムハンマドがどういう生涯を歩んだかということについては、それほど詳しいことは伝えられていない。お釈迦さんの場合には、これは後世になってからのことだけど、「仏伝」という伝記が作られる。イエス・キリストだと、「福音書」に記録されている。

それに比べると、ムハンマドの生涯については、とくに前半生については記録が少ない。そこには、イスラム教では、神が絶対とされ、ムハンマドも「最後の預言者」として信仰の対象となっているものの、あくまで人間としてとらえられていることが影響している。そこが、神でもあるイエス・キリストとも違うし、その悟りから教えがはじまったお釈迦さんの場合とも違うんではないだろうか。

ムハンマドは、商業都市だったメッカに生まれたとされている。メッカは、今のサウジアラビアにあるわけだけれど、そこにはカーヴァ神殿というものがある。イスラム教徒は、一日5回このメッカのカーヴァ神殿の方角にむかって礼拝することになっているし、一年に一度めぐってくる「巡礼月」には、生涯に一度はメッカに巡礼したいと考えている。

君も、メッカ巡礼の光景を撮影した写真とか動画とかを見たことがあるだろ。ものすごい数の人々がカーヴァ神殿の周りを回っている光景だ。

僕らはその光景に圧倒されるし、イスラム教の人たちは信仰に熱心だと考える。もちろん、世界中からお金をかけて集まってくるわけだから、巡礼する人たちが熱心には違いない。

でも、最近は、メッカに巡礼した人たちが、もってきたビデオで撮影した映像がネット上にアップされていたりする。

それを見ていると、上空から撮影した映像を見たときとは、かなり印象が違ってくる。みんな神殿の周りをただ回っているだけで、揃って行進しているわけじゃないから、上空から見たときとは違って、すごいという印象は受けないんだ。

僕はそれを見て、日本の正月の初詣のときのことを思い出したよ。

だってそうじゃないか。初詣のとき、一番人が集まるのは東京の明治神宮だけど、正月三ヶ日には毎年320万人くらいの参拝客がいる。元旦だけで200万人近い参拝客があるのではないだろうか。

メッカの場合も、巡礼月の巡礼者は250万人くらいにのぼると言われる。もっとも、希望者は多くて、制限してその数になっているというから、それを自由化したらもっと多くの巡礼者が集まってくるに違いない。

明治神宮への初詣だって大変なものだ。それを上空から撮影したら、かなり壮観なんじゃなかろうか。ただ、参拝客からすれば、ただ参道を歩いているだけだよね。メッカ巡礼に比べたら、初詣は手軽でそんなに大事じゃない。でも、日本では８０００万人を超える人たちが初詣に出かけるというんだから、日本人も少なくとも外から見たら、イスラム教徒に負けず劣らず信仰熱心に見えるんじゃなかろうか。

僕たち日本人は、この前も書いたけれど、自分たちは無宗教だと思い込んでいるから、他の宗教の人たちが熱心に信仰していると考えてしまいやすいけれど、この点についてはかなり注意が必要なんだ。

ムハンマドの前に天使が現れた

また、話がずれたと怒られそうだね。

そうそう、ムハンマドの話だ。

商業都市のメッカに生まれたムハンマドは、本人も商人になったらしい。

そのことは、イスラム教で聖典とされている『コーラン』を見ると分かる。

僕は今、『コーラン』と言ったけれど、アラビア語に近い表現を使うなら、むしろ『クルアーン』と言った方がいいかもしれない。ムハンマドという呼び方だって、前はマホメットと言われることが多かった。

最近では、イスラム教ではなく、「イスラーム」という言い方が正しいと言う人たちもいる。外国語をそれぞれの国の発音に従って表記するというのは案外難しいことなんだけれど、イスラームの場合には、そこに信仰がからんでくるからよけいにややこしい。

そのこともっと詳しく考えなければいけないかもしれないけれど、とりあえずここでは、『クルアーン』と呼ぶことにしよう。

その『クルアーン』のなかには、たとえば、こんなところが出てくる。

「まことに神は（天上の）楽園という値段で、信徒たちから彼ら自身の身柄と財産とをそっくり買い取りなさったのだ」。ちょっとこの先は省略するけど、その後は、「これこそ律法と福音とコーランに（明記された）神の御約定。約定を神よりもっと忠実に履行する者がどこにあろう。さればお前たち、そのようなお方を相手方として結んだこの商業取引を有難いと思わねばならぬ」。

神と人間の関係が明らかにされているよね。これは、『クルアーン』の9章112節に出て来るものだけれど、岩波文庫に入っている井筒俊彦という人が訳した『コーラン』から引用したんで、この本では『コーラン』と呼ばれている。

最後に商業取引とあるし、途中には約定ということばも出て来る。約定は、契約して定めることを意味しているから、人間と神とは契約関係で結ばれていることがここで説かれていることになる。

このように、神と人間との関係を商業取引にたとえているのは、ムハンマドが、そうした考え方を普段している商人だったからだろうね。しかも、神と人間との関係についてふれたところだから、信仰の根幹にかかわることだ。

そのムハンマドは15歳年上のハディージャという女性と結婚する。ハディージャ自身も商人で、しかもかなり豊かだった。そのため、ムハンマドは中年期にさしかかるまで幸福で豊かな生活を送っていたらしい。なんだかムハンマドは、玉の輿に乗ったみたいだね。

ところが、かえって豊かであったことが影響したのかもしれない。お釈迦さんの場合だって、王族の家に生まれ、妻を娶って、子どもも生まれていたから境遇は似ている。

ムハンマドは、40歳くらいになると、幸福な生活を送っていたはずなのに、孤独を感じるようになり、瞑想を行ったり、禁欲的な生活を求めるようになったとされる。

もっとも、その点についてはあまり詳しいことは分かっていないし、伝えられていることも決して多くはない。『クルアーン』のなかで、そうしたことについて語られていないということも、そこには関係している。はっきりとはしないけれども、人間が生きるということに本当はどういう意味があるのか、それについて悩むようになったのかもしれないね。

そういう悩みを抱えていたムハンマドは、メッカの近くにあるヒラー山の洞窟に籠もるようになる。そこは今では巡礼者が訪れる場所になっているんだけれど、ムハンマドはそこで瞑想の日々を送っていた。

すると、あるとき、ムハンマドの前に天使ジブリールが現れた。英語では、天使ガブリエルという存在が聖書なんかにも出てくるけれど、それがこのジブリールのことだ。

天使ジブリールは、ムハンマドに神からのメッセージを伝えるようになる。やがて、ムハンマドは、そのメッセージを周囲の人々に対して説くようになるんだけれど、最初にそれを信じたのは、妻のハディージャだったとされている。その神のメッセージを記したものが、後に編纂されて、『クルアーン』になるわけだ。

ムハンマドの前に天使ジブリールが出現したことは、彼にとって、まさにエピファニーだ。ムハンマドは、直接神と遭遇したわけではないけれど、天使と出会うことで特別な体験をした。

しかも、天使が伝えてくれたのは、神からの直接のメッセージだった。それに、そのメッセージには、世の終わりが近づいていることを説くようなものが、とくに初期の時代には多かったわけだから、相当に切迫したものだった。

ムハンマドがこのエピファニーの体験を実際にして、それでどういうことを感じたのかもはっきりとは伝わっていない。

でも、ひどく驚いたことは間違いないだろうね。いきなり、目の前に天使が現れて、自分に対して神のメッセージを伝えてきたんだから。

そんなことが本当にあり得るんだろうか、ムハンマドはそう考えたかもしれない。その点では、ムハンマドが、これは間違いなく神のことばだと確信するまでには、時間が必要だったんではないだろうか。

激しい葛藤だってあったかもしれない。

神からのメッセージを伝えられるということは、ただたんに、それを伝達する役割を果たすということだけではすまないからね。神の言う通りに行動しなければならなくなる。だから、ムハンマドは、エピファニーの体験を通して変わっていったんだ。それは、根本的なもので、その後のムハンマドの生涯を根底から変えることに結びついた。なにしろ、そこから世界宗教としてのイスラームが生まれるわけだからね。

いきなり出現した踊る宗教

いきなり君の前に天使が現れて、神のメッセージを伝えてきたらどうする。君はそんなことあり得ないと言うかもしれないけれど、そういう体験をした人間というのは、宗教家には少なくないんだ。

たとえば、日本が戦争に負けた直後のことなんだけれど、山手線の有楽町駅の近くにある数寄屋橋公園に、突如として「踊る宗教」なるものが出現したことがあった。数寄屋橋公園というのは、君も行ったことがあると思うけれど、亡くなった岡本太郎さんが作った時計のモニュメントが立っている。戦争が終わったときには、そんなものは当然なくて、ちょっと広めの普通の公園に過ぎなかったんだけど、都心の便利なところにあるから、デートスポットでもあった。

そこに突然、若い女の子たちが現れて踊り出した。踊りと言っても今あるような激しいものではなくて、ゆったりしているというか、目をつぶって、波に漂うような踊り方だった。

それは、「無我の舞」と呼ばれるもので、踊っていたのは、天照皇大神宮教という宗教団体の信者たちだった。

この当時、こうした新しい宗教は、「新興宗教」と呼ばれることが多かったけれど、いきなり不思議な新興宗教が、銀座の真ん中に現れたんだから、通行人はびっくりした。

そのときの写真が残っているんだけれど、それは新聞に掲載されたものだ。それを見ると、通行人の人たちは、じっと若い娘たちが踊っているのを見つめている。笑っている人なんかいないし、表情は真剣そのものだ。

それからすると、無我の舞は通行人にとってもエピファニーの体験だったのかもしれないね。みんなそんなパフォーマンスがあるなんて予告されていなかったからね。

ところで、天照皇大神宮教というのは、山口県の田布施というところが発祥の地になっている。信者たちは汽車を乗り継いでわざわざ東京までやってきたわけだ。

実は、天照皇大神宮教の教祖も同行していて、数寄屋橋公園には来なかったみたいだけど、別の日に都内の講堂を借りて、そこで「歌説法」というものをやった。

この教祖というのが、北村サヨという中年の女性で、かなり恰幅がよくて、その歌説法をするときには、なぜか男性の着るスーツを身にまとっていた。在任中に亡くなった大平正芳という総理大臣がいたけれど、かなりそれに似ている。

サヨさんは、延々と歌説法をやるんだけど、それには節がついていて、内容は、その当時の世相を鋭く批判するものだった。

なにしろ、サヨさんは、その当時の世の中を「蛆《うじ》の世の中」と呼んだくらいだからね。僕は、実際にこの歌説法を聞いたことはないんだけれど、映像では見たことがある。とにかく迫力があって、こんな人間がいたのかと、君が見てもきっと驚くに違いない。

そのサヨさんが教祖になったのは、まだ戦争が続いていた頃で、あるとき、肚《はら》のなかに何かが入ってくるのを体験したらしい。

その肚のなかに入ったものは、サヨさんに命令を下すようにもなり、それを拒否するとからだが痛み出し、従うと痛みが消えた。

それはやがてサヨさんの口を使って直接語り出すようになり、なんと宇宙を支配する天照皇大神宮であると言い出した。この天照皇大神宮というのは、伊勢神宮のことで、天照大神のことだね。

この体験は、サヨさんにとってのエピファニーになった。ムハンマドの場合と同じだ。それによって、ただのどこにでもいる主婦に過ぎなかった女性が、いきなり教祖になった。エピファニーは、やはりそれを体験した人間を根本的に変えてしまうんだね。

男性用のスーツを着て、世の中を鋭く批判する歌説法をしたと言うと、サヨという女性は随分と怖い人に思えるかもしれない。

でも、面白いエピソードがいくつも伝わっている人で、案外その時代には人気者だったんだ。当時の著名人のなかには、彼女のファンになるような人もいて、人気作家と雑誌で対談をしたりした。

一番傑作なのは、首相になる岸信介という人との関係だね。岸首相は、サヨさんと同じ山口県の田布施の出身だった。

そんな縁があったから、岸首相が誕生したとき、サヨさんは、バイクの荷台に乗って、岸さんの屋敷を訪れ、お祝いを述べたりした。自分は世界を治めるので、岸さんの方は日本を治めるようにという命令も下したりした。岸さんの方も、楽しそうにそれを聞いていた。今だったら門前払いを食いそうだけれど、まだ時代がおおらかだったんだね。このときのニュース映像が残っているから、本当にそんなことがあったわけだ。

このように、新しい宗教を開く人間たちは、なんらかのエピファニーを体験していることが多い。それは、神や天使など神秘的な存在との出会いということが多いんだけれど、お釈迦さんの場合などは、ちょっと特殊で、悟りを開くということが、そのエピファニーに相当した。

どうだい。宗教の一番核のところにエピファニーがあるということは、段々理解できるようになってきたんではないだろうか。

そうそう。もし、レディー・ガガが、北村サヨさんに出会ったら、すぐに好きになったんじゃないだろうか。コンサートにサヨさんが呼ばれて、歌説法をしたりして。

そんなことはあり得ないんだけど、あったらすごかっただろうね。みんな、ぶったまげたはずだ。

お父さんが教祖だって!?

前回は、そうそう、天照皇大神宮教の北村サヨという教祖のことを書いたんだったね。そうかい、かなり興味がわいたみたいだね。まあ、教祖と言われる人たちのなかでも、サヨさんは相当にインパクトのある存在だからね。

残念だけれど、1967年には亡くなっているから、今会うことはできない。

「その後、その宗教はどうなったの？」という質問だけど、サヨさんは、日本だけではなく、海外にも進出したんだ。

最初は、日系人の多いハワイに行ったんだけれど、このときも、その頃はまだ船の時代だったから、船でハワイに着いたとたん、埠頭でいきなり歌説法をはじめた。ハワイの人が見たら、びっくりしただろうね。

それから、ハワイ諸島をまわったんだけれど、日本でやったのと同じように激しい社会批判を展開したから、かなり注目を集めたみたいで、ラジオや新聞で頻繁に取り上げられた。日本からやってきた仏教の開教師と激論を戦わせたこともあったらしい。相変わらず勇ましいよね。

その後も、何度かハワイを訪れているんだけれど、教団のハワイ道場も作っている。ハワイだけじゃない。アメリカ本土にも渡っているし、世界中さまざまな国を訪れている。教祖がそんなに精力的に活動したから、信者も集まってきて、山口県の田布施には立派な本部もできた。そのときの工事には、信者も加わったんだけれど、サヨさんも土を運ぶもっこを担いで作業に参加している。とにかく飾らない人で、偉そうにしていないのがいいね。

他の教団だと、どうしても教祖は偉そうな態度をとるようになるし、信者との距離だってだんだん開いてしまう。本人がそうしようとしなくても、周りから祀り上げられるわけだ。

サヨさんが亡くなった後は、孫娘が後を継いだ。そのとき彼女は17歳の高校生だったから、今の君よりも若いわけだ。

どうする、君が教祖の後継者にいきなり指名されたら。

孫娘は、教団のなかで「姫神さま」と呼ばれて、信者からも愛されたようなんだけれど、今は彼女も亡くなっている。若くして亡くなったことになるね。

そんなこともあって、最近は天照皇大神宮教の活動ぶりはあまり伝わってこないんだけれど、一応、50万人近い信者を抱えていることになっている。

不思議なものだよね、宗教って。

ただの主婦に過ぎなかった女性が、神と出会うことによって、つまりはエピファニーを経験することで、サヨさんの場合には、お肚《なか》のなかに神さまが入ってきてということだけれど、それが物を言うようになった。

考えようによっては、狂気の世界だよ。もし今、僕がサヨさんと同じように、自分のお肚のなかに神さまがいて、勝手にしゃべっていると言い出したら、どうする。

お母さんなら、きっと僕を病院に連れていくだろうね。ちょっと頭がおかしくなったんじゃないかって。

常識で考えれば、いきなり神さまがお肚のなかに入ってくるなんてことはあり得ないわけだからね。

普通なら、精神の病として処理され、症状が激しかったら、入院させられているところだ。薬も投与されるはずだ。そうなると、神さまも黙ってしまうかもしれない。

でも、僕のお肚のなかで語り出した神さまの言うことに耳を傾けるような人間が出てきたりしたら、事態は変わっていくはずだ。

この前、イスラム教の預言者ムハンマドの話をしたと思うけれど、天使ガブリエルを通して神からのメッセージを伝えられるようになったとき、彼を最初に信じたのは、妻のハディージャだったということは言ったよね。

それと同じで、お母さんが僕のお肚のなかの神さまの言うことを信じるようになると、僕を病院なんかには行かせないで、その神さまの話を聞くようになっていく。

聞くだけではなくて、知り合いに伝えるようになるかもしれない。

「信じられないかもしれないけれど、夫のお肚のなかに神さまが現れて、こんなことを言い出したんだけれど、聞いてみてくれませんか」とかなんとかね。

それを言われた人も、最初は、何を馬鹿なことをと思っていても、実際に聞いてみたら、けっこういいことを言っているとなったら、そこから新しい信者が生まれるかもしれない。

つまりお父さんもそういうプロセスを踏めば、教祖になれてしまうんだ。

誰かが、エピファニーを経験して、新しい教えを語り出しても、それを信じる人間が現れなければ、宗教なんて生まれない。しかし、身近に信じる人がいれば、そこから新しい宗教が生まれるかもしれない。

「鶏が先か、卵が先か」っていう、簡単には解けない謎があるけれど、教祖と信者の関係には、そんなところがある。
「教祖が先か、信者が先か」ってことだね。
君はどう思う。えっ、お父さんが教祖なんて、そんなの嫌だって⁉

ゴキブリに生まれ変わりたくなかったお釈迦さん

そうそう、神憑《かみがか》りっていうのは難しいことなんだよ。

なにしろ、現れた神さまが本物なのかどうかって、そりゃ重大な問題があるからね。

だから、古代の日本の社会では、神さまを呼び出して、その神さまからメッセージを授けてもらう神託ということが行われたんだけど、そのときには必ず「さ庭《にわ》」という審判者がいて、その神さまが本当に善い神さまなのか、それとも間違ったことを言う悪い神さまなのかを判定したんだ。

そうした作業が必要だってことは、神憑りがやっかいな問題を含んでいるってことなんだよ。

じゃあ、神憑りなんてことが関係ない仏教の場合はどうなるんだろうね。

仏教の開祖はお釈迦さんだ。そのお釈迦さんは悟りを開いて、教えを説きはじめた。その教えをもとに、仏教という宗教が生まれた。そこには、神憑りなんて怪しい出来事はいっさい関係がなかった。一応、そういう話になっている。

しかしだよ、仏教の場合だって、そのはじまりの時点については、神憑りと同じように、もっと言えばさらにやっかいな問題があったんだ。

まず何より、お釈迦さんの時代は歴史が相当に古い。お釈迦さんが生まれた年代についてはいろいろな説があるけれど、一番古いものだと、紀元前624年に生まれて544年に亡くなったとされている。一番新しいとされるものでも、紀元前463年に生まれて383年に亡くなったという説になっている。古いのと新しいのでは、150年くらい違うわけだ。そもそもそんなにはっきり生まれた年や死んだ年が分かっているのかということ自体、謎だよね。

お釈迦さんの生まれたインドという国は、そもそも歴史を記録するということに熱心ではなかった。そこが中国なんかとは違うところで、お釈迦さんが生きていた時代の資料なんてまるで存在しないから、はっきりしたことは分からない。

だから、お釈迦さんが本当にいたのかどうか、他の宗教の教祖に比べると、そこが一番不たしかなわけだ。本当にお釈迦さんなんていたんだろうか、そんな疑問もわいてくる。

何よりもね、お釈迦さんがいったい何を説いたのかがはっきりしない。

そんなことを言うと、君は、あんなにたくさんお経があるじゃないかと反論してくるかもしれないね。

たしかに、お釈迦さんの教えを記したとされるお経、仏典は膨大な数が残されている。お経を集めたものは、「大蔵経《だいぞうきょう》」とか、「一切経《いっさいきょう》」とか言われるんだけれど、現代ではもちろん印刷されて、本の形になっている。でも、昔は手で写すしかないわけだから、大蔵経というのはどこにでもあるわけじゃなくて、貴重なものだった。個人が手元においておくなんてとてもできなかったんだ。

日本で一番新しい大蔵経は、『大正新脩《しんしゅう》大蔵経』って呼ばれるものだけれど、これだと全部で100巻にもなる。しかも、1頁が17字詰の29行で3段組になっていて、1巻あたり1000頁もあるんだ。何字になるか、ざっと計算してみるといい。

壮観だよ、これが並んでいる光景というのは。

でもね。その膨大なお経のなかで、お釈迦さんが実際に説いた教えは、『阿含経《あごんきょう》』のなかに含まれる「スッタニパータ」というお経の一部に限られると言われている。

それだって、間違いのないはっきりした証拠があるわけではなくって、現代の学者がそのように推定しているということだ。

しかも、「スッタニパータ」というのは、現代ではパーリ語から日本語に訳されたものが出版されていて、簡単に読めるけれど、実はそれは戦後になってからのことで、以前は日本に伝わってさえいなかったんだ。

考えてみると、変な話だろ。お釈迦さんの教えがはっきりしないのに、仏教という宗教が存在して、それを日本人が信じてきた。日本人だけじゃない、アジアでは多くの人たちが仏教を信じてきた。

またまた、少し脱線気味の話になってしまったけれど、そういうことも踏まえておいた方がいいからね。

仏教の歴史や、お釈迦さんの教えが本当ははっきりしないということは、ここではひとまず置いといて、お釈迦さんの体験の話に戻ろう。それがここでの何よりのテーマだからね。

それは、伝説ということにもなると思うんだけれど、一応、こんな話になっている。

お釈迦さんは、インドとネパールが接しているあたりで王族の家に王子として生まれた。生まれたとたん、これは前にも話をしたけれど、7歩歩いて、「天上天下唯我独尊」と言い放った。けれど、これなんか正真正銘の伝説だと考えるべきだろうね。

それはさておき、王子として生まれたお釈迦さんは、何不自由ない生活を送っていた。おまけに美しい妻を娶って、子どもにまで恵まれた。はたから見れば、実に幸福な生活を送っていたことになる。それで不満を感じるなんて、ちょっと贅沢とも言えるね。ところがだ。あまりに幸福な境遇にあったからかもしれないが、お釈迦さんはそこから悩み始める。その点では、ムハンマドの場合と同じだ。

人間は生きているわけだけれど、生きていればさまざまな苦しみに直面しなければならない。病気になることもあるし、誰だって、年を取れば老いということに直面しなければならない。

その先には、必ず死が待ち受けている。人間は生き物だから、どうやったって、死を免れることはできない。

でも、ここでちょっと考えなければならないことは、インドでは、死の先に輪廻が待ち受けていると考えられていたことだね。

日本にだって、死んでから生まれ変わるという考え方はあるよね。新しく赤ん坊が生まれて、その顔が亡くなったおばあちゃんに似ていたりしたら、その子はおばあちゃんの生まれ変わりだと言われる。君の場合はどうだろうね。

だけれども、インドの輪廻というのは、この日本的な生まれ変わりとは違うんだ。日本では、ほとんどの場合、人間に生まれ変わることが前提になっているんだけれど、インドでは、何に生まれ変わるかは分からないと考えられてきた。

これは恐ろしいことだよ。

つまり、僕が死んで、また人間に生まれ変わることもあるかもしれないけれど、それは滅多にないことなんだ。犬や猫に生まれ変わるかもしれないし、蠅や蚊に生まれ変わるかもしれない。もっと言えば、ゴキブリに生まれ変わる可能性だってないとは言えない。そんなの嫌だろ、君が嫌いなやつだからね。

もし僕が死んで蚊に生まれ変わったとすると、君を刺しにいって、それで君にはたかれて殺されてしまうかもしれない。君は、知らない間にお父さんを殺してしまっているわけだ。

インドの輪廻というのは、そんなイメージだ。仏教が殺生をしてはならないと戒めるのも、それが関係している。蚊を殺すことが父殺しになるかもしれないわけだから。その点で、インドでは、輪廻による生まれ変わりは苦しいものと考えられてきた。

そうである以上、生まれること自体が苦に結びついていくことになる。この感覚は、僕たち日本人にはあまりないものだね。

お釈迦さんは、そうしたことに気づいて、生老病死の苦からいかに解放されたらいいのかを考えるようになる。人間が人間であることの根本的な苦、根源的な問題にぶつかったことになる。

僕ら日本人は、そんなところまでは考えないかもしれないけれど、たしかに、人間は病気や老い、死は避けられない。どうしたって、そうした事態に直面して、いろいろと苦しまなくちゃならない。

そこでお釈迦さんは、家を出ることを決断する。美しい妻やかわいい子どもを捨てて、出家し、修行をしようと考えるようになったんだ。

それは、妻や子からすれば、随分と迷惑な話だよね。なにしろ、頼りにしていた父親が、家をほっぽり出して、いきなり修行をすると言い出したんだからね。

当然、反対される。そこでお釈迦さんは、夜中にこっそり家を抜け出す。そして、そこから修行を実践するようになる。

最初は、ちゃんとした修行をするには、先生についてやらなければと考えて、有名なお師匠さんのところに入門して、山のなかで修行をする。仲間もいたけれど、その修行は相当に厳しいものだった。

要するに苦行だよ。肉体を徹底的に痛めつけて、それで悟りを開こうとした。仏像のなかには、「釈迦苦行像」なんてものがあるけれど、それは、苦行をしていたお釈迦さんが、ろくに食べ物もとらないものだから、すっかりやせこけて、あばら骨が浮き出てしまっている、そういう姿を描いたものだ。これは、けっこう恐ろしい仏像だ。

けれども、いくらそこまで激しい苦行にいそしんでも、お釈迦さんにはいっこうに悟りが訪れなかった。そこでさらに苦しい修行にも励んだけれど、それでも甲斐がなかった。そんなわけで、ついには、苦行によっては悟りを得ることはできないと考えるようになる。そこまで耐え忍んできたのに、それまでの苦行はまったく意味がない、無駄だったと考えるようになったんだね。

そして、苦行をやめて、山を降り、菩提樹の下で瞑想に入る。もうそのときは、お師匠さんはいないわけだ。

当然、苦行を中止したばかりのお釈迦さんはやせ細っているから、通りかかった村の娘がそのことに気づいて、かわいそうだと思い、乳粥をお釈迦さんに恵んでくれた。その娘はスジャータという名だったと伝えられているけれど、この名前は聞いたことがあるよね。どっかの会社の商品になっているからね。

お釈迦さんは、その乳粥を飲むことで、回復を遂げ、さらに瞑想を続けることによって、悟りを開いたとされている。

悟りを開く前には、魔物が現れて、お釈迦さんのことをいろいろと誘惑したともされている。絶対の権力を与えるとか、女性ならいくらでも提供するとか、そんな誘惑を仕掛けられたんだ。それは、悟りを開くためにどうしても克服しなければならない試練だということになる。

お釈迦さんは魔物の誘惑を退けて、それで、悟りに達することができた。真理をつかむことによって、輪廻のくり返しから脱することができたんだ。これが、お釈迦さんにとっては「成道《じょうどう》」の体験と呼ばれている。

お釈迦さんは神憑りをしたわけではないし、ムハンマドのように、天使を通して神からのメッセージを伝えられるようになったわけじゃない。

自分で悟りを開くことで、苦しみばかりの世界を脱することに成功したんだ。厳密に言えば、これはエピファニーとは言えないことかもしれないね。何かが現れたわけじゃないけれど。

ただ、究極の真理にふれたということでは、お釈迦さんの体験も特別なものだ。何か究極的なものにふれたということでは、やはりエピファニーとしてとらえてもいいんじゃないかな。少なくとも誰もができるものじゃないからね。

梵天の説得がお釈迦さんのこころを動かさなかったとしたら

お釈迦さんは菩提樹の下で悟りを開いた。これも伝説なのかもしれないけれど、そう伝えられてきている。

仏教という宗教は、このお釈迦さんの悟りから出発するわけで、お釈迦さんはその悟りをもとに教えを説くようになる。その教えが説かれたのが、膨大にある仏典、お経だ。お経を読めば、お釈迦さんの到達した悟りがどういうものか、それが分かるようになっている。

なっているとは言っても、その内容は難しいし、お経によって書かれていることが違うから、お釈迦さんの体験した悟りが実際にどういったものかを知ることは、とても難しい。そんなことも関係するとは思うけれど、悟りを開いたお釈迦さんは、自分の悟りの内容があまりに難解なので、それを説いても、誰も分かる者はいないに違いないと考えたと伝えられている。

そう聞くと、ますますお釈迦さんの悟りについて知りたくなってくるんだけれど、お釈迦さんは、説いても無駄なら、このまま涅槃に入ってしまおうと考えたと伝えられている。

涅槃というのは、前に説明した輪廻と関係している。死んだら、それで終わりで、永遠に輪廻をくり返すことがなくなるというのが涅槃だ。

お釈迦さんにとっては、自分が直面した苦に対する決定的で、最終的な答えを得ることができたわけだから、もうそれで満足だったわけだろうね。それ以上、修行をする必要もなければ、瞑想を続ける必要もない。もう現世には何の未練もないというわけだ。

もしそこで、お釈迦さんがそのまま涅槃に入ってしまったとしたら、すべてはそこで終わってしまっていたはずだ。お釈迦さんが悟りの内容について説くこともなかったし、もちろんそうなると仏教という宗教が生まれることもなかった。

だいたい、お釈迦さんは一人で悟りを開いたわけで、誰もその場にはいなかった。乳粥を与えた娘は、どこかからこっそりその光景を覗いていたかもしれないけれど、何しろ悟りはお釈迦さんのこころのなかで起こった出来事だから、外から見ても何が起こっているかは分からないはずだ。

だから、仏教は、最初の時点で、それがまったく生まれなかったかもしれないという最大の危機に直面したことになる。

前に、ムハンマドが天使から神のメッセージを授かったとき、激しく葛藤したのではないかと言ったろ。お釈迦さんにも同じことが起こったわけだ。

それを救ったのが、梵天だ。

梵天というのは、仏教のなかで信仰される神の一つになっているけれども、もともとはインドのヒンズー教で信仰されるブラフマーという神だった。

ヒンズー教では、ブラフマーの他に、ヴィシュヌとシヴァが信仰されているんだけれど、ブラフマーはそのうちで創造を司る神だ。それが仏教に取り入れられると、仏教の教えを守護してくれる存在になるんだけれど、まさに、その最初の時点で梵天は仏教を救ったとも言えるんだね。

梵天は、涅槃に入ってしまおうとするお釈迦さんに対して、教えを説いてまわるよう説得した。それでもお釈迦さんは、なかなか「うん」とは言わなかったので、梵天は3回にわたって懇願しなければならなかったと伝えられている。

ここでも、もし梵天が、お釈迦さんの決意があまりに堅いので早々と説得を諦めてしまっていたとしたら、やはり仏教は生まれなかったことになる。

たしかに悟りというのは難しいことなんだ。

いいかい。お釈迦さんの悟りは最高に高度で、それまでは誰も到達したことがないレベルのものだとされている。少なくともお釈迦さん自身はそのように考えた。
けれども、いくらお釈迦さんがそう思ったとしても、それが本当にそうなのかどうかは、誰も証明ができない。だって、他の人間は、そんな高度な悟りに達することはできないわけだからね。

お釈迦さんが伝えても無駄だと考えたのは、それがあるからだ。そんな高度な悟りを、他の人間にどう伝えたらよいのだろうか。そんなことが果たしてできるんだろうか。当然、そういう疑問がわいてくる。

けれども、梵天がそれこそしつこく頼んだものだから、お釈迦さんは涅槃に入るのをいったん止めて、自分の悟りの内容を他の人たちに伝えるため、説法の旅に出る。お釈迦さんはそれから生涯にわたって説法の旅を続け、多くの人に教えを伝えていったとされている。

でもどうだろうか、お釈迦さんの教えは正しく信者たちに伝わったんだろうか。悟りを開いたときのお釈迦さんの不安は解消されたんだろうか。

残念ながら、その点についてはあまりよく分かっていないし、お釈迦さんが亡くなる時点でどのように考えていたか、それについての伝承も残されていない。

ただ、後の時代になると、お釈迦さんが亡くなるときの状況を描いた「涅槃図」というものが作られるようになる。涅槃に入ったお釈迦さんの周りを直弟子や信者が囲んでいる。さらにその外側には動物たちまで集まってきて、皆、偉大なる師を失ったことを悲しんでいる。なかには、呆然としていたり、号泣している者もある。

お釈迦さんからすれば、涅槃に入ることが最終的な目的にもなるし、そもそも悟りを開いた時点で涅槃に入ろうとしたんだから、それはちっとも悲しむべきことではなかったはずだ。

でも、弟子たちにとっては、自分を導いてくれるかけがえのない存在が永遠に失われてしまったわけだから、とんでもなく悲しい出来事だ。

しかし、どうもそこにはずれがあるような気がする。弟子たちはお釈迦さんのことを本当には理解できなかった。もしかしたら、そうだったのかもしれない。

このことは簡単には結論を出すことができないんだけれど、そこにかなり複雑な問題があることだけは認識しておいた方がいいだろうね。

いやあ、ずいぶん話が難しくなってしまったねえ。君はどう思うんだろうか。

儒教って宗教なの

儒教ねえ。

それが気になるわけか。

たしかに、中国には儒教があるよね。日本も、その儒教の影響を受けているのは間違いない。

「儒教って宗教なの」というのが、君の質問だ。

儒教には孔子という開祖がいる。孔子は、紀元前552年に生まれて、紀元前479年に亡くなったことになっているから、相当に昔の時代の人物だ。お釈迦さんの生没年がはっきりしないことは前に言ったけれど、もしかしたら孔子はお釈迦さんの同時代人だったかもしれない。

そうそう、「枢軸時代《すうじく》」ってことばがあるのを君は知っているかい。知らないだろうな、なにしろ最近はあまり言われなくなったからね。

これは、ドイツの哲学者のカール・ヤスパースという人が言ったことばなんだけれど、紀元前500年頃の人類社会には、精神的な面で大きな転換が起こったというんだ。

中国では孔子を含めた諸子百家が活躍した。インドでは仏教やジャイナ教が生まれ、ウパニシャッドの哲学も盛んに議論された。イランではゾロアスターが現れて、ゾロアスター教が誕生した。

中東では旧約聖書に登場するイザヤやエレミヤといった預言者が活躍した。ギリシアではソクラテスやプラトン、アリストテレスといった大哲学者、それにホメロスのような詩人も出現した。

ここにあげたすべての人物が紀元前500年前後に登場したわけではないので、時代はもう少し広くとらなければならないのだけれど、ほぼ同じ時代に、現代にまで大きな影響を与えている偉大な宗教家や哲学者が続々と生まれたことは、たしかに注目される出来事だよね。

残念ながら、それ以降、人類の歴史のなかで、この枢軸時代に匹敵するような大宗教家や大哲学者が世界中でいっせいに現れるような時代は訪れていない。

今の僕たちは、時代というものはどんどんと進歩していくもんだと勝手に思い込んでいる。実際、科学技術については相当に進歩しているし、社会制度も整備されるようになってきた。

だけど、文化ということになると、本当に今の方が昔よりも進歩しているのかどうか、そこはかなり怪しいんだ。人間の精神性についても同じだね。だから、ヤスパースの言う枢軸の時代の重要性は、今でもそれほど変わっていないんじゃないだろうか。

その枢軸の時代に、中国では、諸子百家と呼ばれる、当時としては新しい思想が次々と生み出されていった。そのなかに儒教も含まれている。それに、孔子が儒教を説いたからこそ、他の思想も生まれたとも言えるんだけれど、そのなかには、儒教の「儒家」の他に、墨家、道家、法家、兵家といった思想が生まれた。

墨家を説いたのが墨子で、道家を説いたのが老子や荘子だ。儒家のなかにも、孔子の他に、孟子や荀子なんて人たちも登場した。

儒教については、中国でかなり厳しく批判された時代もあったんだ。「文化大革命」というのは知っているよね。これは、１９６６年からはじまったものなんだけれど、当時の中国の指導者が毛沢東だった。ところが、中国経済の飛躍的な発展をめざした大躍進政策が失敗に終わったために、毛沢東はかなり厳しい立場に追い込まれていた。

そこで、自らの復権をめざして文化大革命をはじめたと言われているんだけれど、この時代は、中国だけじゃなくて、アメリカでもヨーロッパでも、そして日本でも、学生運動が盛り上がった。だから、文化大革命もそれと連動する運動としてとらえられた。

君が今いるイギリスでは、もしかしたらそれほどでもなかったのかもしれないけれど、フランスでは「パリ五月革命」という反体制の運動が１９６８年に勃発した。

このフランスでの出来事の影響も大きくて、アメリカではちょうどベトナム戦争の時代だから、戦争反対を強く訴える運動が高まって、アメリカ全土の大学がそれに巻き込まれていった。

日本でも、いろんな形で大学生の不満が蓄積していたし、戦後の日本のあり方を規定した日米安保条約の改定が１９７０年に控えていたこともあって、やはり学生運動が盛り上がった。

要するに、世界中で若者の反乱が起こっていたわけだけれど、中国では、最高権力者である毛沢東がからんでいたから、事態は複雑なものになったし、とんでもないことにもなった。若者たちは、故郷を捨てて北京のような大都会に出てきて、『毛沢東語録』を振りかざし、古い権力を打倒しようとした。

その頃は、この文化大革命というのは、世界的に評価されていて、日本でも、これに共感する人たちが多かったんだけど、中国の若者たちはかなり過激な行動に出たんで、暴力沙汰もくり返された。多くの人たちが罪もないのに殺されたりした。こころに傷を負った人たちも少なくない。そのため、今の中国では、文化大革命の価値は否定されてしまっている。

その文化大革命が盛り上がっていた時代には、古い権力を支える思想として儒教が盛んにやり玉に上げられた。毛沢東から権力を奪取しようとした林彪《りんぴょう》という人物とともに孔子を批判する「批林批孔《ひりんひこう》」運動が起こったりもした。

実は僕は、１９７７年に中国に行ったことがあるんだけれど、その頃でも、孔子批判、儒教批判は続いていたね。君が生まれるはるか前のことだ。

ところが、最近では、むしろ孔子や儒教を見直そうという動きが中国では起こっている。秩序や道徳の基礎には、やはり儒教が必要だと考えられているんだ。それだけ、儒教の思想は根強いものを持っているといえるんだな。

儒教徒なんていない

いつものように、ちょっと脱線気味だけれど、話を儒教そのものに戻そう。儒教は果たして宗教なのかという、君の疑問に答えないといけないからね。

儒教には、孔子という開祖がいる。その孔子の残したことばは、『論語』という聖典にまとめられている。

『論語』というのは、「子曰《しいわ》く『巧言令色《こうげんれいしょく》、鮮《すく》なし仁《じん》』」なんて形をとっているんだけれど、「子」は孔子のことで、孔子がこう言ったという形になっている。つまり、『論語』というのは、孔子の言行録になっているわけだ。

開祖がいて、その開祖が教えを説き、それが聖典にまとめられているわけだから、その点では、他の宗教と同じだ。

キリスト教なら、イエス・キリストという開祖がいて、教えを説き、それは新約聖書の福音書にまとめられている。

イスラム教だと、ムハンマドという開祖がいて、ムハンマドが天使から伝えられた神のことばが『クルアーン』に記されているし、ムハンマドの言行録も、『ハディース』としてまとめられている。

仏教も、開祖としてのお釈迦さんがいて、その教えが仏典にまとめられているわけで、こうした形を見ていくと、儒教は立派な宗教だということになる。

だから、世界の宗教を見回したときには、中国には、儒教や道教といった土着の宗教があった、今でもそれが受け継がれているという言い方をされるわけだ。

ところが、儒教は宗教とは違うものではないかという考え方だってある。

実はね、イスラム教も宗教ではないというとらえ方もあって、それについてはどこかで詳しく説明しなければならないんだけれど、世界中にイスラム教徒という信者がいることは間違いない。

イスラム教徒になった人間たちは、皆、自分たちがイスラム教徒であることをはっきりと自覚している。自覚しているからこそ、一日に5回礼拝したり、モスクに行ったり、女性の場合にはヒジャブというかぶり物をしたりするわけだ。その点では、イスラム教は立派な宗教だ。

ところが、儒教だと、自分が儒教の信者だという自覚を持っている人が果たしているものなのかどうか、それがかなり曖昧なんだ。「儒教徒」という言い方もないわけじゃないけど、自分を儒教徒だと思っている人間がいるのかということになると、これはかなり怪しい。少なくとも儒教の影響を受けているはずの日本では、ほとんどいないんじゃないだろうか。自分は儒教徒だと言う人には会ったことがないからね。

それに、儒教の信者になったからといって、特別なことをするわけじゃない。信者になった証しに、キリスト教のように洗礼があるわけじゃない。日々の礼拝だってないし、どこかに巡礼するわけでもない。

なにより、儒教には教団というものがないんだ。他の宗教なら、教団というものが必ずあって、信者はそこに所属することになるんだけれど、儒教の教団は存在しない。

もっともイスラム教にも、この教団組織があるかどうかは大いに問題で、それについても説明しなければならないことがあるんだけど、儒教の場合とはちょっと性格が違う。

その点で、儒教というのは、どうとらえていいかがひどく分かりにくいものなんだ。

同じ諸子百家に含まれていて、儒教とも比較されることが多い道教の場合には、教団というものが形成されてきた。それも、「道士」という道教の専門家がいて、「道観」と呼ばれる道教専門の寺が建てられたりしたからだ。中国の元の時代には、太一教や真大道教、全真教といった道教の教団も生まれている。

そうそう、君も横浜の中華街に行ったことがあるだろ。あのなかに、関帝廟というのがあるけれど、あそこは、関聖帝君という道教の神さまを祀った道教の寺だと考えていい。

でも、この関帝廟を祀っているのは、中華街を作り上げた中国の人たちで、他にも日本にはそうした道教の寺院があるけれど、日本人が作った道教の寺っていうのは存在しない。そうなると、道教も日本では必ずしも宗教とは言えないんじゃないかという話になってくるわけだ。

実際、儒教の場合には、「儒家」と呼ばれることも多い。道教も「道家」と呼ばれる。儒家や道家になると、宗教というより、学問の学派に近くなるね。とくに、儒教の場合には、民間信仰を取り入れた道教とは違って、学問としての性格がかなり強いから、その点でも、宗教とは違うというとらえ方をされるんだ。

東京の御茶ノ水に「湯島聖堂」というものがあって、中央線の車内からも見えるんだけれど、君はそこには行っていないだろうね。

そこは、孔子を祀った孔子廟になっていて、儒教の拠点になっているんだけれど、これは江戸時代に幕府につかえた儒学者の林羅山が建てたもので、学問所としての性格が強い。日本に帰ってきたら、一度行ってみるといいかもしれないね。

孔子にエピファニーはない

宗教ってものは、どれも相当にダイナミックなものだ。なにしろ聖なるものが出現するエピファニーが根本にあるからね。

ムハンマドの前には天使が現れたし、お釈迦さんはぎりぎりの状態で悟りを開いた。イエスは、なにしろ十字架にかけられて殺されている。しかも、その後復活したともされている。

そうした宗教を信じた人間、つまりは信者たちも、場合によっては相当に過酷な人生を歩んでいく。信仰を貫き通そうとして迫害を受け、殉教することだってある。

ところが、儒教の場合には、宗教の根幹にあるはずのエピファニーがどうも欠けているんだね。

孔子は、なにしろ大昔の人物だから、実際にどういう生涯を送ったのかということになるとはっきりしない。中国には『史記』という歴史書があって、そのなかに孔子の生涯も記されているんだけれど、伝説的な部分がとても多い。

『論語』だって、孔子という一人の人物の言行録ではなくて、複数の人物のことばをまとめたものではないかという説もある。なにしろ、今の形に『論語』がまとめられたのは、孔子が亡くなったとされている時代から500年以上が経った後漢の時代だからね。

だから、孔子の生涯ははっきりしないんだけれど、伝えられているところからすると、特定の先生、師匠にはつかなかったようだ。それで、一人で学問をしている。独学の学者というのは、孔子を見ていくときに一番近い言い方かもしれないね。

学問をしていくということは、先人の残したものを学んでいくということになるわけだけれど、それはやはり宗教の道とは違うね。

イエスもムハンマドも、お釈迦さんも、学問の人ではなかった。瞑想したり、修行したりはしているけれど、この三人は誰も学問はしていない。少なくとも、学問をしたとは伝えられていない。

おそらくそこが、孔子とは決定的に違うんじゃないだろうか。

孔子のライバルとも言える老子の場合には、なにしろその教えが神秘的なものだから、孔子以上に伝説が多くて、実際にどういう生涯を送ったか、皆目分からないところがあるんだけれど、母親の胎内に62年間もいたとか、死後にインドに向かってお釈迦さんに生まれ変わったとか、いろいろと神秘的だったり不思議な出来事が伝えられている。

ところが、孔子にはまるでそれがない。儒教がどうも宗教とは言えないのは、やはり孔子にエピファニーが欠けているからではないだろうか。

だいたい孔子自身、「怪力乱心《かいりきらんしん》を語らず」と言ったとされている。これは、『論語』の述《じゅつ》而篇《じへん》に出てくるんだけど、これは、人知では推し量ることができず、理性で説明できないものについてははっきりしないから語らないという意味だ。

お釈迦さんも、来世のことについて聞かれたときに、死んでみないと分からないので、それについては語らないと答えたという伝承があるけれど、孔子も、基本的にそうした姿勢を貫いたと言える。

孔子の言ったことを挙げてみようか。

たとえば、「学びて思わざれば、すなわちくらし、思いて学ばざれば、すなわちあやうし」なんてものがある。これは、書物などから学んでも、自分で考えなければだめだし、いくら自分で考えても、書物にあたって、その価値を見定めないと危ういことになるという、いわば教訓だ。

他にも、「先ずその言《げん》を行い、しかる後にこれに従う」なんてものもある。これは、自分が言ったことを実行しなければ、誰もそれに従う人間はいないという意味だ。

言っていることは的確で、鋭いし、もっともだと思うけれど、あまりにまともすぎて、つまらないとも言えるよね。

孔子の教えが、レディー・ガガのエピファニーとは正反対のものだということが分かるだろ。

宗教というのは、この世の秩序に縛られない面があって、そういうものを鋭く批判したりする。だからこそ、イエスは十字架にかけられて殺されたわけだし、数多くの殉教者が出たのも、それが関連している。

ところが、文化大革命のときには、儒教も批判されたけれど、それは、文化大革命の方が、秩序を破壊する運動だったからで、世界を根本からひっくり返そうとする革命は宗教に性格が近かったりする。

儒教の方は穏やかな教えばかりで、衝撃を与えるようなものじゃない。『論語』を読んで、宗教体験をするような人間は現れようがないんだよね。

共産主義に儒教が勝った!?

エピファニーをまるで欠いている儒教というのは、宗教と言い難いものなんだけれど、その考え方というか、教えというのは後世に案外大きな影響を与えている。日本においてもそうなんだよね。

たとえば、位牌《いはい》というものがあるだろ。誰かが亡くなったときに、仏教式の葬儀をあげる場合は、位牌を用意して、そこに故人の戒名《かいみょう》を記したりする。

「おじいちゃんの葬式のときには戒名じゃなかった」って。

たしかにそうだ。我が家の場合は、僕のばあさんがじいさんの墓を買ったときに、寺の墓地を選んだんだけれど、戦争中に疎開していたとき、じいさんの故郷の寺の住職が強欲で、金ばかり要求するのに嫌気がさして、戒名は要らないと言ったものだから、我が家では、代々寺で葬式はあげてもらうんだけれど、俗名のままという慣習が出来上がってしまった。だから、葬式を出すときも、戒名なんてないわけだ。生きているときに使っていた俗名で葬られている。

俗名で思い出したけれど、歌舞伎の「三人吉三」でお嬢吉三とお坊吉三がはじめて出会う場面で、お嬢吉三がその名前を名乗るときに「名乗れとあるなら名乗ろうが、まぁ俺よりはそっちから、七本塔婆《しちほんとうば》に書き記す、その俗名を名乗っておけ」という有名なせりふがあるよね。

まあ、それはおいておくとして、一般的な場合だけれど、位牌には故人の戒名を記して、それが葬式のときには、祭壇に飾られる。

火葬のための出棺のときにも、遺族が故人の写真と位牌を持っていくことになるし、火葬した遺骨が家に戻ってくると、骨壺の前に、しばらくその位牌をおいておく。そして、墓に納骨を済ませると、仏壇に位牌を安置するようになるわけだ。

でもなぜ、位牌を仏壇に安置するんだろうか。仏壇というのは、本来、仏教で信仰の対象になっている仏を祀るためのものだ。だから、仏像とか仏画、あるいは日蓮宗なんかでは曼荼羅《まんだら》を祀ったりするんだけれど、多くの家の仏壇では、ほとんどが先祖の位牌を祀っている。

そのせいか、日本では、死者のことを「仏《ほとけ》」と呼んだりするわけだけれど、位牌はもともとは仏教の習慣じゃない。仏教の教えにもとづいているわけではなくて、それは儒教から取り入れたものなんだ。

お坊さんを呼んで行う葬儀は仏教式葬儀と言われるけれど、そこには儒教の影響がかなり強かったりする。

追善《ついぜん》という考え方もそうだね。葬儀が終わった後、一周忌とか三回忌とか、年忌法要《ねんきほうよう》というものをやるけれど、そこには、残された遺族が死者のために供養をして、善を追加し、やすらかに極楽往生を果たしてもらおうとする考え方が生きている。この追善も、儒教の「孝《こう》」という思想にもとづくもので、仏教の思想にもとづいているわけじゃない。

孝という思想は、親孝行という形で今も生きているよね。別に、お父さんに対して親孝行して欲しいからそんなことを言っているわけじゃないけれど、今の日本社会でも、親孝行は必要だと思っている人は少なくない。

それからもう一つ、儒教の思想にもとづいているのが「忠《ちゅう》」という考え方だ。これは、忠義とも言われて、昔の武家の社会では、この忠が何よりも重視された。戦前の日本の社会でも、天皇に対する忠ということが強調されていた。

今の社会でもそうだね。

日本の場合には、サラリーマンも、会社に対して忠を尽くさなければならないと考えられている。過労死なんてことが起こるのも、そうした考え方が背景にあるからじゃないだろうか。

アメリカもそうだけれど、イギリスでも、ビジネスマンが自分の属している企業に対して忠を尽くそうなんてことはあり得ないんじゃないかな。

あるいは、イギリスには騎士道の伝統があるから、忠に近い考え方が生きているかもしれないけれど、アメリカだと、給料や待遇のいい会社へどんどんと移っていくことが出世の近道だと考えられている。

日本でも、グローバル化が進むなかで、だんだんとそうした傾向も出てきてはいるけれど、それでも会社に忠を尽くさなければならないという観念はまだまだ強いんじゃないんだろうか。

その点では、孝や忠といった儒教の教えは、今の日本社会にもはっきりと受け継がれていると言えるよね。

儒教の場合には、エピファニーを欠いているからこそ、現実的、実際的、実用的で、だからこそ、社会の秩序を守り続けていくためには役に立つ部分が多いということかもしれない。

中国で最近儒教が見直され、復活の動きが出ているのも、急速な経済発展のなかで、金だけがすべてだという拝金《はいきん》主義が横行していて、倫理道徳が失われていることに危機感を抱く人たちがいるからだろうね。

そのときに、伝統というものが重要な働きをすることになる。新しく倫理道徳を確立しようとしても、何を根拠にしていいかが分からない。宗教を活用するということも一つの手段だけれど、宗教は社会を批判したりするから、かえって危険だったりする。

そこで、社会秩序を決して脅かすことがない、儒教を活用しようとする動きが出てくるのも当然かもしれないね。共産主義にはやはり道徳観を植えつける役割は果たせなかったようだね。

マリアが少女の前に現れた

君もエピファニーを体験してみたいって。

なるほど、いろいろとエピファニーを体験した人たちのことにふれてきたわけだから、君がそう思うのも無理はないね。

いったいそれはどういうものなんだろう。誰だって、そこに関心を抱くものだ。

これまでふれてきたエピファニーの体験者は、それぞれが新しい宗教を開いた教祖ということになるけれど、エピファニーは教祖だけが体験するわけじゃない。

自分がエピファニーを体験することで、宗教の世界に入っていくような人間は、これまでも数限りなくいた。

今だって、世界中でそうした体験をして、信仰をもつようになる人間は後を絶たない。

もしかしたら、君の周りにもいるかもしれないね。

そうそう、今君はイギリスにいるわけだけれど、イギリスはイギリス国教会の国だ。イギリス国教会は、日本では聖公会とも呼ばれるけれど、カトリックとプロテスタントの中間的な形態で、特殊な形をとっている。ヨーロッパで考えてみると、南の方はカトリックで、北の方はプロテスタントが強くなっている。ドイツなんかは、ルターの宗教改革が行われた国だけれど、今では、ルター派のプロテスタントとカトリックの勢力がほぼ拮抗している。

プロテスタントとカトリックでは、いろいろな点で違いがあるけれど、カトリックの信仰が広まった地域では、19世紀から20世紀のはじめにかけて、つまり今から200年前から100年前にかけてということになるけれど、聖母マリアが出現するという出来事が続けざまに起こったんだ。

マリアのことは、日本では聖母マリアと言うけれども、それは実は日本にだけ通用する特殊な言い方で、ヨーロッパでは、"Virgin Mary"といった形で呼ばれることが一般的だ。母としての側面ではなくて、処女としての側面の方が注目されているわけだ。

この点は、とても興味深いことだよね。日本では、母という存在が信仰の対象になるわけで、仏さんのなかで一番多い観音菩薩も、もとは中性的な存在、あるいは男性なんだけれど、日本では母のように考えられている。

この話をしていると、また脱線してしまうので、話をもとに戻すけれど、一時ヨーロッパでは、マリアが出現するという出来事がいくつも起こったんだ。

一番有名なのは、フランスのルルドの場合だよね。ルルドはその後、カトリックの人たちが巡礼する場所として有名になって、今では、ローマやイベリア半島の西にあるコンポステラとともに、カトリックの三大巡礼地の一つになっている。一年間に500万人が世界中からルルドを訪れるというから、本当に一大巡礼地になっているわけだ。

そのルルドで、マリアが出現したのは、1858年の2月11日のことだ。ベルナデッタ・スビルーという14歳の少女が、洞窟の近くで薪《まき》拾いをしていたときに、彼女の前に突然マリアが現れたんだ。

もっとも最初は、ベルナデッタにも、それがマリアだとは分からなかった。何だかよく分からないものが現れたくらいに考えられていたようだ。

ところが、フランスでは、それより少し前から、マリアが出現するという出来事が各地で起こっていたんだ。

最初は1830年のことで、パリにあった愛徳姉妹会という修道院の修道女、カトリーヌ・ラブレの前に、3回にわたってマリアが現れた。そして、彼女に対してメダルを作るように命じてきた。

ちょうどその頃、パリでは、コレラが流行していた。ラブレが、パリの大司教の許可を得て、自分が見たマリアの姿を刻んだメダルを作って、配るようになると、大歓迎された。そんな出来事が起こっていた。

さらに1846年には、フランスの南東部にあるラ・サレットという村で、牛飼いの少女メラニー・カルヴァと11歳の牛飼いの少年マクシマン・ジローの前にマリアが出現した。そして、二人にメッセージを残して、消え去ってしまった。メッセージの内容は、後になって発表されるんだけれど、世の中が危機的な事態に直面していることを警告するような内容だった。

こうした出来事が起こっていたので、ルルドでも、ベルナデッタの前に現れたのはマリアではないかという噂が立つようになっていったんだ。

でも、ここが難しいところだけれど、本当にベルナデッタの前に現れたのがマリアなのかどうか、それに疑いをもつ人も出てきた。

なにしろ、マリアを見たのは、彼女だけで、他の人が見たわけじゃない。

それは、エピファニー全体にかかわることで、前にも言ったけれど、その体験が本物なのかどうかは必ず問われることになるんだ。

神さまも主役の座を交替する

マリアはベルナデッタの前に何度も現れたので、彼女はたびたび洞窟を訪れるようになる。すると、その噂を聞きつけた人たちが、好奇心にかられて、洞窟の周囲に集まってくるようになっていった。

要するに、弥次馬っていうわけだけれど、たんに好奇心からだけではなく、信仰をもっている人たちが、救いを求めて集まってきたりもした。なかなかそんな機会はないからね。

キリスト教というのは、唯一絶対の創造神を信仰の対象にしているので、一神教ということになっている。それは、キリスト教の母体になったユダヤ教でもそうだし、ユダヤ教とキリスト教の影響を受けながら生まれたイスラム教についても言える。この三つの宗教が、世界の三大一神教ということになっている。

ところが、案外ここが難しいところなんだけれど、キリスト教の場合には、初期の段階から「三位一体《さんみいったい》」という教義が成立していた。これは、父なる神と、その子であるイエス・キリスト、そして、マリアがイエスを懐胎することにかかわった聖霊は、現れ方は三つだけれど、実は一体の関係にあるという考え方だ。

これについては、キリスト教のなかにあるほとんどの派が正しい教義として認めている。カトリックや東方教会だけではなく、プロテスタントでもそうだ。否定しているのは、近代に現れたユニテリアンの人たちくらいじゃないだろうか。ユニテリアンというのは、神が唯一であることを強調し、なおかつ世界の宗教の本質は同じものだと主張する人たちで、これは、16世紀に生まれた考え方だけれど、広まったのは近代に入ってからだね。

三位一体というのは、分かりにくい考え方だよね。なんでキリスト教は一神教のはずなのに、神聖なものが三つもあるのか。イスラム教の人たちなんかは、その点で、キリスト教は一神教ではなく、実は多神教なのではないかと批判したりもするんだけれど、その批判はかなり当たっている気がする。

それに、キリスト教では、聖人という存在があるんだ。よく知られているところでは、バレンタイン・デーのもとになった聖バレンタインという聖人がいるよね。聖人は、殉教したとか、特別な働きをしたとか、そういう人間が死後に崇拝の対象になるんだけれど、そういうのは日本の八百万《やおよろず》の神々にかなり似ていたりする。

そんなところでも、キリスト教は多神教に近い側面を持っているわけだけれど、そういうなかからマリアも信仰の対象として次第に浮上してくることになったわけだ。最初は、まったく信仰の対象になってなんかいなかったんだけれど、時代とともに、カトリック世界の信仰の中心を占めるまでになっていった。

そうそう、これはエピファニーという概念を強調したあのエリアーデが言っていたことなんだけど、「暇《ひま》な神」という考え方がある。「暇な」というより、「暇になった」と言った方がいいのかもしれないんだけれど、それはこういうことだ。

それぞれの宗教では、一神教はもちろん、多神教でも中心的な神がいて、その神が世界を創造したことになっている。それが創造神だ。

創造神は、人間が生きている世界を作り上げた存在だから、当然、信仰の対象になる。祀り上げられて、供物を捧げられたり、大切にされるわけだね。

ところが、創造神というのはたしかにものすごく偉い存在になるわけだけれど、ちょっと偉すぎるところがあるし、何より、人間にとっては遠い存在だ。

だって、考えてみてご覧よ、そんな偉い立派な神さまに、日頃の生活のなかで生まれてくるような悩みごとを打ち明けたり、その解決を願ったりなんて、おそれ多くてできないだろ。神さまの方だって、世界全体の人間の世話を焼くのは大変だ。

すると、そういう究極的な神さまに代わって、もっと人間に親しみのある別の神さまが、人々の救済を果たすようになる。これは、ユダヤ教からキリスト教への展開を考えてみると分かりやすいかもしれない。

最初は、創造神で、エホバなどと呼ばれる絶対的な神が信仰の対象になっていて、その神は、旧約聖書によれば、モーセに「十戒《じゅっかい》」を授けたことになっている。

この神は、なにしろ、洪水を起こして世界を破壊してしまったくらいだから、怖い神さまだ。逆らったら、本当に大変なことになる。

それに比較して、イエス・キリストは、半分は人間としての性格をもっているわけだから、それほど恐ろしいわけではないし、はるかに身近な存在だ。キリストに対する信仰が生まれ、三位一体の教義が作られたのも、そうしたことが関係している。その段階で、父なる神は、人間界とはかかわらない暇な神になったわけなんだよ。

前面に出てきたマリアさま

父なる神が暇な神になって背景に退いて、今度はイエス・キリストが前面に出てくる。この神の交替劇によってキリスト教という新しい宗教が成立したとも言えるね。

イエス・キリストがどういう人物で、どういうことをしたか、何を言ったかは、新約聖書におさめられている「福音書」のなかに出てくる。

イエスの人間性をどのようにとらえるかということは難しいことだけれど、天にいて、地上に現れることがないエホバに比べたら、はるかに人間に近い存在だ。なにしろ、イエスには何人も弟子がいたし、かかわりをもった人間の数も少なくない。

最後は、十字架に掛けられて殺されてしまうわけだけれど、マルコやマタイによる福音書によれば、「わが神、わが神、どうして私を見捨てられたのですか」と言ったというじゃないか。これは、かなり人間的な死だ。だからこそ、イエスを救世主として信仰する人々が出てきたと言えるわけだね。

でも、イエスの弟子たちが、ユダヤ民族の枠を超えて、周辺の世界に信仰を伝えるようになり、ついには、ローマ帝国の国教にまでなっていくと、教会の制度も確立されて、イエスは、高いところに祀り上げられてしまった。そうなると、しだいに、一般の人々とのかかわりを失っていってしまう。三位一体の教義もあって、父なる神とそれほど変わらない存在になっていったわけだ。

そうなると、次にはイエスが暇な神になっていく可能性が出てくる。そこに登場したのが、イエスの母、マリアだ。

人類の社会では、古代から、母性に対する信仰というものがあって、母なる存在は、聖なるものと見なされてきた。キリスト教も、そうした傾向を帯びるようになって、時代が経つとともに、マリアに対する信仰が高まっていった。

これは、ヨーロッパで次々とマリアの出現という出来事が起こるはるか前のことになるんだけれど、1531年12月9日に、メキシコのグアダルーペというところで、ファン・ディエゴというインディオの前にマリアが出現するという出来事が起こったんだ。

もともとメキシコには、母なる神に対する信仰があったわけで、この出来事は、それをキリスト教の枠のなかに位置づける役割を果たした。

それ以来、このマリアは、「グアダルーペの聖母」として信仰の対象になり、メキシコの人々のあいだに、カトリックの信仰を根づかせる上で決定的な役割を果たすようになる。

今でも、グアダルーペの聖母に対する信仰はかなり熱心に実践されていて、聖母を祀る教会は、中南米のカトリック信者を集める一大巡礼地になっている。

父なる神が暇な神になって、背景に退き、次にはイエス・キリストが前面に出てくる。ところが、時代が進むと、今度は、イエス・キリストが暇な神になって、また背景に退いて、今度は聖母マリアが前面に出てくる。そうした流れがカトリックの世界に生まれ、マリアに対する信仰が高まっていった。ヨーロッパ各地で、マリアの出現が相次ぐのも、そうした背景があったからで、人々は、マリアが現れることをあらかじめ望んでいたとも言えるね。

それで、ルルドの出来事に話を戻すと、最初に出現してから2週間後の2月25日には、マリアは「泉の水を飲み、その水で洗いなさい」というメッセージを下してきた。

ベルナデッタが、それに従って、土を掘ると、なんとそこから水がわき出した。それが、ルルドの泉のはじまりになるわけだけど、後になると、この水を飲んで病気が治ったという人も出てくるようになる。

今でも、たまにルルドを訪れたという人から、ルルドの泉の水を貰うことがあるよね。お土産になっているんだけれど、実際に病を抱えているような人にとっては切実なことで、なんとか病を治してもらいたいと、たくさんの人々がルルドまでやってくる。

今はそうなってはいないようなんだけれど、少し前までは、洞窟に松葉杖が掲げられていたりした。これは、歩けなかった人が、ルルドまでやってきて、それで歩けるようになったのを感謝するために捧げていたわけだ。

だから、土を掘ったら、水がわき出したということは、ルルドが巡礼地として成立する上で、とても大きな働きをすることになったと言えるね。もし、それがなかったとしたら、果たして今のようになっていただろうか。

水というのは、日本の神道の世界でもそうだけれど、宗教の世界では、浄めの力をもっているとされているからね。神社に参拝したときには、まず手水舎《てみずしゃ》で手を浄めたりするよね。

人間は罪深い存在である

水がわき出してから1週間も経っていない、3月2日に、マリアはベルナデッタに、「司祭に行列と礼拝堂を頼みに行きなさい」というメッセージを伝えてきた。

現在のルルドでは、夜になると、巡礼に訪れている人たちが、ろうそくを灯して行列する行事が行われているんだけど、それは、このメッセージに従ってのことだ。小さな聖堂も建てられたけれど、これは後に、現在のような大聖堂に建て替えられている。

ベルナデッタが、マリアのメッセージを教会の司祭に伝えにいくと、「名を聞きなさい」と頼まれた。それまで、ベルナデッタは、現れたものを「あれ」と言うだけで、マリアだとは言っていなかったんだ。

その名が明かされるのが、その月の25日に出現したときのことだった。それは、16回目の出現にあたる。結局、ベルナデッタの前に、マリアは18回現れることになるけれど、すごい回数現れたものだと思うね。他のマリア出現の場合には、そんなに頻繁には現れていないからね。

もちろん、本当にマリアが出現したのかどうか、信仰がない我々にとっては、何とも言えないところがある。

まあ、それはおいておいて、それだけ頻繁にマリアが出現したということ自体、信仰をもっている人たちにとっては、重要な意味をもつ出来事だったことになる。

それに、マリアの答えは、実に驚くべきことだった。マリアは、「私は無原罪《むげんざい》の御宿《おんやど》りです」と告げてきたんだ。

原罪というのは分かるよね。

人類の祖先であるアダムとイブは、エデンの園という楽園にいた。神は、二人に対して、その中心にはえている知恵の樹になる実だけは食べていけないと命じたんだけれど、イブは、蛇に騙されて、その実を食べ、アダムにもそれを食べさせた。

すると、それまで二人は裸で暮らしていたんだけれど、それが恥ずかしくなって、大事なところをイチジクの葉で覆うようになった。

二人の様子がおかしいんで、神が問い質したところ、知恵の樹の実を食べてしまったことを白状した。そこで神は、二人を楽園から追放してしまったんだ。

この出来事によって、アダムとイブを祖先とする人類は、額に汗して働かなければならなくなったし、女はお産のときに苦しまなければならなくなった。さらに、永遠の命を授かることができなくなった。

これは、旧約聖書の「創世記」に出てくる話だよね。この話から、これこそが人類の「原罪」であるという話ができていくんだけれど、「創世記」には、原罪という考え方は出てこない。

イブを誘惑した蛇も、やがて悪魔、サタンであるとされるようになるんだけれど、やはり「創世記」自体には、そんな箇所は少しも出てこない。

「創世記」に語られている話は、神話について研究する神話学では「起源譚《きげんたん》」と呼ばれるものの一種だね。何か物事のはじまりを説明するための物語が起源譚だ。

火の起源譚というのは、どの民族の神話のなかにもあって、人類学者のジェームズ・フレーザーには、『火の起源の神話』なんて本もある。

フレーザーと言えば、『金枝篇《きんしへん》』が有名だけれど、イギリスの人類学界の大物だから、君も知っているだろうね。

火の起源譚については、だいたい、どこかから火を盗んでくるという話が多いんじゃないだろうか。

それ以外でも、「創世記」のように、労働の起源や、死の起源などについては、どの民族でも必ずそれについて説明する神話が作られている。

普通、神話は大昔の物語という扱いをされるわけだけれど、キリスト教は、それをもとに、原罪という教義の根本を作り出した。そして、イエス・キリストが地上に現れることによって、最後の審判が行われ、正しい信仰をもつ者は、その原罪から解放されるという教えが作られていった。

それほど、この原罪というのは、キリスト教においては重要な教えになるわけで、そこから人間は罪深い存在であるという考え方が生み出されていった。

他の宗教を信じている人間からすれば、この原罪という考え方はなかなか理解できないし、それはあんまりだと思うところがあるよね。なにしろ、人類は誕生したとたんに罪を犯し、その罪がずっと現在まで受け継がれているというわけだからね。こんな暗い考えはないと、日本人ならどうしてもそう思ってしまうわけだ。

奇跡は本当に起こるのか

原罪の観念というのは、キリスト教の特徴になっているわけで、人類であれば、誰もその罪を免れることはできないとされている。

となると、人間というものは、ずっと罪を背負って生きなければならないことになる。そんな、考えようによっては随分恐ろしい考え方が、ずっと教義として生き続けることができたのも、キリスト教では、最後の審判がすぐにでも訪れるとされていたからだね。

ところが、切迫しているはずの最後の審判はなかなか訪れない。キリストが殺されてから1年経っても、2年経っても、10年経っても訪れなかった。それでも、キリスト教の信者は、終末が近いと信じ続けたはずだ。

でも、20年経っても、100年経っても訪れず、今では、キリストが殺されてから2000年が経とうとしているのに、いっこうに最後の審判はやってこない。

これは、キリスト教という宗教にとって、とてもやっかいな事態であるはずなんだけれど、その間に、なかなか訪れない終末を待たずとも、罪から救われる仕組みが作られていった。

それが、懺悔の制度なんだ。今の日本のカトリック教会では、これを「ゆるし」と呼んでいるね。他に、告悔とか、告白と呼ばれることもある。

カトリックの教会には信者を救う力があるとされるようになって、神父に罪を告白し、懺悔すれば、それで神によってその罪から救われるということになっていったんだ。告白さえすればいいのだから、ある意味、安易な方法とも言えるんだけれど、神は絶大な力を持っているので、信者を罪から救うこともできるということが信じられるようになっていった。

そのなかで、聖霊によって処女のまま身籠もったマリアは、その際に、原罪の穢れなしに受胎したという考え方が生まれた。それが、無原罪の御宿りの教義で、これは、ルルドの出来事が起こるわずか4年前に、当時のローマ教皇、ピウス9世によって、「回勅《かいちょく》」という、教皇が信徒に向けて発する書簡で公認されたんだ。

そのことを、ベルナデッタのような少女が知っていたとは思えない。ところが、彼女の前に現れた存在は、教皇が定めたばかりの教義を裏づけるようなメッセージを発した。

ルルドの出来事にかんしては、これが決定的だったわけだね。なにしろ、マリア自身が、自分が原罪の穢れなしに受胎したことを告げたわけだから。そして、ベルナデッタの前に現れた存在がマリアに間違いないと考えられるようにもなった。

この出来事を通して、カトリックの信仰のなかでのマリアの地位は一段と高いものになったわけだ。しかも、それから100年後の1950年には、当時の教皇であるピウス12世が、マリアは、その死後に、イエス・キリストのように復活し、その計らいによって肉体と霊魂を伴って天に召されたという教義を正式に認めた。これで、マリアの信仰上の重要性は揺るぎないものになったと言える。教義的に、イエスとほぼ同等の力を授けられたとも考えることができるからね。

父性と母性というのは、宗教の世界でとても重要なことになってくるわけだけれど、キリスト教のカトリックの世界では、結局母性が父性を上回ったとも言える。母性の方が古代的なものだと見ることもできるよね。なにしろ、地母神とかはどの民族にもあるからね。マリア信仰の高まりは古代の信仰が甦ったものと見ることだってできる。その点では、なかなか面白い現象だ。

ルルドがカトリックの巡礼地として発展していくと、他の地域にあるカトリックの教会でも、その庭にルルドを真似して洞窟を設けるようなところも出てきた。日本のカトリック教会にだってあるよね。そうしたところも信仰を集めるようになり、ルルドに行けない人たちが、そこでマリアに救いを求めるようになる。

日本の四国遍路の場合にも、88箇所をめぐるのは大変だから、それに代わるようなものを寺の境内などに用意して、そこを回れば、四国遍路をしたことと同じ功徳が得られると宣伝しているようなところもあるけれど、それと似ている。どこでも、人間は同じような発想をするものだ。

君は見ていないかもしれないけれど、少し前に『ルルドの泉で』という映画がフランスで作られて、日本でも公開されたことがあった。

病気で歩くことができない女性が、なんとか歩けるようになりたいとルルドに巡礼に行く話だ。この映画を見ると、ルルドでどういうことが行われるかがよく分かるんだけれど、その女性は、なんと泉の力で歩けるようになる。

となると、この映画は奇跡の存在を肯定していることになる。けれども、現代の映画だから、そう簡単に奇跡を肯定するわけにもいかない。じゃあ、どういう終わり方にするんだろうかと、それに興味をひかれて僕は最後まで見たんだけれど……。

まあ、結末は言わないことにしようね。君も見てみるといいんじゃないかな。エピファニーを考える上では、重要な映画かもしれない。

その後のベルナデッタの人生は

じゃあ、ルルドの泉で聖母マリアと出会ったベルナデッタはどうなったかって。

そりゃ、たしかに気になるところだよね。なにしろ、ルルドは、その後、多くの巡礼者を集めるようになるわけだからね。

ルルドにマリアが出現したという話は、またたくまにフランス全土で知られるようになった。そうなると、ルルドを訪れる人も増えていく。

当然、マリアと出会ったベルナデッタにも関心が向けられるようになっていった。今そんなことが起こったとしたら、情報の伝わり方が早いから、すぐに世界中に伝えられて、現地に乗り込んで、その映像を発信する人間が莫大な数現れるようになるだろうね。

当時でも、これは大ニュースだった。なにしろ信仰がかかわっているから、その盛り上がり方は相当なものだった。

なかには、ベルナデッタに対して結婚を申し込むような青年も現れた。彼女のことは何も知らないし、会ったこともないのにだ。申し込みは、地元の司教に対して行われたので、司教は即座に断ってしまったけれど、他に、ベルナデッタの家まで訪れてくる人たちもいた。

ベルナデッタは、まだ13歳の、しかも田舎育ちの少女だから、この事態には大いに困惑したし、どうしたらいいかが分からなかった。いきなり時の人になってしまったわけで、そりゃ、予想もしなかった事態に驚いたに違いない。

出現から4年が経った1862年には、ローマ教会がマリアの出現を公式に認めた。そして、ベルナデッタに対しては修道女になることが求められるようになる。そこで彼女は22歳のときに、ブルゴーニュにある「ヌヴェール愛徳修道会」に入ることになった。

本当に彼女が修道女になることを望んでいたかどうか、それははっきりとは分からないけれど、出現したマリアに出会うというエピファニーを経験してしまった以上、他に進むべき道はなかったのかもしれない。

彼女の前にマリアが出現し、しかも、重要なメッセージを発したということは、ベルナデッタが選ばれた人間であることを意味するわけだ。そうなれば、もう彼女は普通の少女として生活するわけにはいかない。周りからすれば、ベルナデッタ自身が神聖な存在としてとらえられるようにもなる。

ただ、修道女になったベルナデッタは、看護と雑用をこなしたというから、かなりつましい修道生活を送ったようだ。そして、35歳で亡くなってしまう。

彼女の前に、もしマリアが現れなかったとしたら、ベルナデッタは平凡な田舎の少女として生活し、そのまま結婚して、ありきたりだけれど、平和な生活を送ったかもしれない。実際にどうなったかは分からないけれど、マリアの出現によって彼女の人生が大きく変わってしまったことは間違いない。

しかもだ。

ルルドでは、次々と奇跡が起こっていたから、ベルナデッタ自身が、カトリックの世界で特別な存在と見なされるようになる。

カトリックの世界では、「聖人《せいじん》」、あるいは「聖者《せいじゃ》」という制度があって、殉教したり、死後に奇跡を引き起こしたような人物は、列聖《れっせい》されて、聖者になっていく。

その聖者に列せられる前の段階として、「福者《ふくしゃ》」というものがあって、死後にその徳が認められたり、特別な人物と見なされると、「列福《れっぷく》」されることになる。

ベルナデッタは、１９２５年に列福され、その8年後の33年には列聖されることになった。彼女は死後、聖者になったわけだ。

列福や列聖の際には、調査が行われるんだけれど、そのときには、遺体がその対象になる。

ベルナデッタの場合には、死後30年が経過した１９０９年に調査が行われたんだけれど、棺を開けてみると、腐臭はいっさいなくて、顔も手もほぼ完璧な状態で保存されていたというんだ。

本当にそんなことがあるのかと思うけれど、その後もくり返し、遺体の調査が行われて、生前のままの状態にあると確認され、それで晴れて列聖されている。要するに遺体は地下に安置されていたので、ミイラ化したんだと思うんだけれど、きっとそれで腐臭もしなかったんだろうね。

ベルナデッタが名もなく貧しい田舎の家に生まれたとき、誰も将来彼女が聖者になるなどとは考えもしなかったはずだ。

でも、マリアの出現に遭遇したというエピファニーを通して、彼女はそれまでとはまったく違う人生を歩み、最後は、人々の信仰を集める存在にまでなってしまった。ある意味、このこと自体が奇跡なのかもしれないね。

生涯を神に捧げるということ

カトリックの世界における聖者崇拝、聖人崇拝のことについては、少し話をしたことがあるんで、ここでは、修道女ということについて考えてみることにしよう。

修道女というのは、修道士とも言うね。修道士の場合だと、女性だけではなく、男性も含まれる。

修道士は、カトリックや東方教会にはいるけれど、同じキリスト教でも、プロテスタントにはいない。

他の宗教を考えてみても、修道士というのはかなり特殊なあり方なんだ。イスラム教には、修道士などいないし、他の宗教でもほとんどない。

ただ、仏教の雲水などは、この修道士にかなり近いし、ほとんど同じだと言ってもいい。案外、修道士のいる宗教は少ないんだ。

これは、ちょっと意外に思えるかもしれないけれど、キリスト教と仏教は似ていて、他の宗教とは性格がかなり異なっている。

日本人は、伝統的に仏教に慣れ親しんできた。けれど、明治以来、宗教と言えば、キリスト教をモデルにして考えるところがあるんで、仏教やキリスト教を基準にして宗教全般のことを考えてしまう傾向が強いんだけれど、実は、この二つの宗教の方が特殊だとも言えるわけだ。

何より、仏教とキリスト教の特徴は、「出家《しゅっけ》」というあり方が存在するというところにあるんだよ。世俗の世界を捨てて、自分の人生をすべて信仰に捧げるというのが出家ということだけれど、それができるのは、キリスト教のカトリックと東方教会、それに仏教に限られる。

今の日本の仏教では、お坊さんが結婚して、家庭をもうけているから、それが果たして出家なのかどうか疑わしいと思われるかもしれないけれど、もともとは、出家すれば、結婚もしないし、家庭も作らないのが原則だった。

今でも、部派仏教の広がった東南アジア、タイやスリランカ、ミャンマーでは、出家したお坊さんは、僧侶である間は、必ず独身を続けることになっている。結婚してしまうと、一般の人と変わらない生活になってしまうし、信仰にすべてを捧げることができなくなってしまうからね。一人前の社会人として認めてもらうために、一時的に出家するような人もいる。これも、部派仏教特有の制度だということになる。

仏教のお坊さんが出家した身の上であるということは、世界が神聖な世界と、一般の世俗の世界の二つに分かれているということを意味するわけだ。出家という行為は、この境目を超えて、世俗の世界から神聖な世界に入っていくことを意味している。

一度出家してしまったら、死ぬまでそのままで、世俗の生活に戻ることはないとされている。ただ、いろいろな事情でお坊さんを辞めるような人もいて、その場合には「還俗《げんぞく》」して、俗人に戻ることになるんだ。

こうしたあり方は、キリスト教のカトリックと東方教会でも同じだね。

カトリックで司祭、神父になるというときには、神学校で勉強し、生涯独身を保ち、神のために自らの生活をすべて捧げるという誓いを立てる。これは、「終生誓願《しゅうせいせいがん》」と呼ばれるものだけれど、自分だけの意志でできるものではなくて、神からの「呼び出し」がなければならないともされている。要するに、なんらかのエピファニーの体験がなければだめだというわけだね。

カトリックの神父は、皆男性で、今のところ女性はなることができない。神父は結婚もしていないし、家庭ももっていないから、世界中どこへでも飛んでいくことができる。

もし、神父が家庭をもっていたりすれば、一般の俗人と同じような悩みを抱えることになるし、さまざまな面で家庭に縛られることになる。

ただ、生涯独身を保つというのは容易なことではない。だから、なかには、神父を辞めて、還俗してしまう人もいる。結婚して一般の人間と同じような生活をするようになる人間もいる。

そのため、カトリックのなかでも、プロテスタントの牧師のような、結婚して家庭をもうける司祭を認めてもいいのではないかという議論もあるみたいだけれど、一般の信者の人たちのなかには、それに反対する人たちが少なくない。

カトリックには、「七つの秘跡」というものがあって、これは救いをもたらしたり、神からの承認に結びついたりするんだけれど、「ゆるし」もそのなかに含まれる。

このゆるしというのは、前にも言ったように、昔は、告悔とか懺悔と呼ばれたもので、信者が、教会のなかにある小部屋に入って、神父に対して日頃の罪を告白するものだ。神父が結婚することに強く反対する人たちは、終生誓願をした独身の神父になら自分の罪を告白することができるけれど、自分たちと変わらない生活を送っているような人物には、それができないという感覚なんだろうね。

そうそう、東方教会では、一方で、カトリックと同じように独身の司祭がいるんだけれど、もう一方で、プロテスタントの牧師のように、結婚して家庭をもっているような司祭もいる。もちろん、両者の役割は違うんだけれど、これはカトリックとプロテスタントの中間と言えるあり方だね。

曾野綾子さんという小説家がいるのを知っているかい。

最近では、小説は発表していないようだけれど、人生論についての本がベストセラーになっていたりする。日本財団の会長をつとめていたこともあるし、政治的な発言が物議をかもしたりすることもあった。

実は曾野さんは、ミッションスクールの聖心女子大学を卒業していて、本人もカトリックの信仰をもっている。

最近ではかなり少なくなってしまったんだけれど、以前は日本でも、小説家のなかにカトリックの信仰をもっている人たちが数多くいて、そうした信仰にかかわるような題材をもとに小説を書いていたりした。

一番有名なのが遠藤周作さんだろうね。彼の代表作は、『沈黙』という小説だけれど、これは、日本でキリスト教の信仰が禁止された江戸時代のはじめに、危険を冒して日本に入ってきて、信仰を広めようとする外国人の宣教師の物語で、翻訳もされて世界中で話題になった。映画も作られて、これも世界的にヒットした。評価も高い。

なにしろ日本は、キリスト教の国ではないし、信者の数も少ない。そうした社会のなかで、カトリックの信仰を保ち続けていくことは、いろいろな面で難しい。遠藤さんの小説には、そうした日本の社会のあり方が反映されていると思うけれど、他にも、そうしたカトリックの信仰をもとに小説を書いてきた人たちがいて、「キリスト教文学」というジャンルが形成されていた。

曾野さんも、その一人ということになるけれど、現在では、カトリックの小説家として有名なのは彼女と加賀乙彦さんくらいしかいないのかもしれない。

その曾野さんが、日本の修道院を舞台にして描いた小説に『不在の部屋』という作品がある。文庫にもなっているんだけれど、今は品切れで、古本で手に入れるか、図書館で借りるしかない本だ。

これは、1979年に出版されているんだけれど、出た当時は、日本のカトリックの世界でかなり問題になったというか、騒動を巻き起こした作品なんだ。

カトリックというのは、いろいろな宗教のなかでも、一番制度が整っているんだけれど、教義を決めるときには、必ず「公会議《こうかいぎ》」というものを開くことになっている。

公会議は、古代から続いていて、重要な教義に問題が生じて、意見が分かれたときに開かれたりするんだけれど、最近では、１９６０年代のはじめに、「第２バチカン公会議」というものが開かれた。

カトリックの総本山であるバチカンに、世界から枢機卿《すうききょう》というそれぞれの国のトップが集まって、これからの教会のあり方について議論を戦わせたんだけれど、そのときに決まったことは、教会を開かれたもの、近代的なものにするということだった。

それまでのカトリックは、古色蒼然《こしょくそうぜん》としていたと言うか、昔の伝統にしがみついていて、とても変化が多い現代の社会に適応できるような状態じゃなかった。それを大きく変えようとしたのが、この第２バチカン公会議になるわけだ。

カトリックの教会の一番重要な儀式は、「ミサ（聖餐式《せいさんしき》）」というものだ。ミサでは、信者に対して、イエス・キリストのからだと血を象徴するパンとぶどう酒が与えられることになる。そのミサのときに使われることばも、第２バチカン公会議以前はラテン語だけだったんだけれど、それ以降は、それぞれの国のことばで行われるようになった。

今では、国際化が進んでいて、日本のカトリック教会でも、都市部にあるようなところでは、いろいろな国の信者がミサにやってくるので、さまざまな言語でそれを行うようになっている。

ラテン語でミサを営めば、ラテン語なんか知っている人間はごく限られているから、そこでいったい何をやっているかさっぱり分からない。それでは、信仰が深まっていかないということで、それぞれのことばに改められたんだけれど、信者のなかには、それでありがたみが薄れたと言う人たちもいる。

たしかに、ミサは儀式なので、音楽的な要素も入っているから、意味が分かるよりも、心地よさを味あわせてくれた方がいいという考え方もあるわけだ。

そこに、信仰を現代の社会に合わせていくことの難しさがあると言えるけれど、修道院のあり方というものも、第2バチカン公会議を経ることで大きく変わったことの一つだったんだ。

神はどこへ行ってしまったのか

曾野綾子さんは、『不在の部屋』のなかで、第2バチカン公会議を経ることによって、日本の修道院がどのように変化していったのかを描いている。

それまでの修道院のあり方というのは、小説のなかでは前半の部分で扱われているんだけれど、一般の社会からは完全に隔絶されていて、修道女が自分の家族と会うこともままならなかった。

終生誓願を経て、修道女になり、修道院に入っていくまでの過程は、かなり美しく描かれているんだけれど、もうその過程を経験してしまえば、世俗の社会との縁はいっさい切れてしまうことになった。

俗界とはいっさい交わらずに、ひたすら神への信仰を守り続けていく。それが、第2バチカン公会議以前の修道院の生活で、それを望んだ人たちだけが、修道女になったわけだね。

別に強制されてのことではないし、自らの意志でそうするわけだから。まあ、ベルナデッタの場合には、特別な事情があって、しかたなく修道女になったのかもしれないけれどね。

とにかく、そうした古めかしく、頑なだった修道院の生活が、第2バチカン公会議を経ることで大きく変わっていく。世俗の世界との壁が低くなり、修道女も外の世界に積極的に出て行くことを求められるようになる。もう、修道院のなかに留まって、信仰のことだけを考えていればいいという状況ではなくなったわけだ。

それは、主人公の修道女にとって、思いもよらない大きな変化になるわけで、戸惑ったりもするわけだけれど、一方では、世の中とのかかわりが生まれることは、本人にとっての喜びにもなっていく。

主人公は、ミッションスクールで教師として教えるようになったりするんだけれど、そうなると、一般の信者の人たちとも深く交わるようになっていく。

一般の信者にとっては、修道女というのは、神にすべてを捧げた特別な存在だから、尊敬もしているし、丁重に扱おうとする。そこで、贈物をしたり、家に招いてもてなしたりするようになる。

これは、世の中から隔絶した暮らしをしていた以前の状態とはまったく異なるわけで、そうなると、次第に修道女も、贈物をされたり、もてなされることに慣れて、それを当たり前だと思うようになってしまう。

だからこそ、第2バチカン公会議以前には、社会と隔絶した生活を送っていたわけだけれど、一度、社会とのあいだに関係ができてしまうと、もう二度ともとには戻れなくなってしまう。そこが恐ろしいところだ。

贈物を受けとることに慣れてしまえば、それが当たり前になるだけではなく、今度は、自分が欲しいものを贈ってくれるよう要求したりするようになる。

贈物をする信者の側も、修道女が喜んでくれるようなものを贈りたいから、その要求に積極的に応えようとする。となると、贈物はどんどんと豪華なものになり、修道女の生活もそれで大きく変わっていく。

人間というものは、弱いもので、お金や物があって、そうしたものが手に入ると、それに簡単に負けてしまい、どんどんと欲望を膨らませていってしまうものだ。

そうなると、信仰生活は当然にも蔑ろにされるようになる。

神にすべてを捧げるような生活は、清く美しいものだけれど、単調で、決して面白いとは言えないからね。

これはもうかなり前のことになるんだけれど、『薔薇《ばら》の名前』という小説と映画がヒットしたことがある。これは、ウンベルト・エーコという記号論の有名な学者が書いたもので、学者だけに、中世の修道院の暮らしがどのようなものであったのか、詳しく忠実に描かれているんだけれど、映画で、主人公の青年を指導する年配の修道士を演じたのが、「００７」のシリーズで主人公のジェイムズ・ボンドを演じたショーン・コネリーだ。

そのショーン・コネリー演じる修道士が、物語のなかで、修道生活の退屈さについて、複雑な思いを表明するシーンがあった。退屈であるがゆえに、貴いとも言えるし、やはり、それに耐えることは難しいというわけだ。

『不在の部屋』の主人公は、結局、修道生活の退屈さに耐えられなかったとも言えるね。タイトルの不在の部屋というのは、神がいなくなった、神が不在の修道院の部屋を意味している。作者は、この小説を通して、修道院が開放されることが果たしていいことだったのかどうかを問い掛けているとも言える。

聞いたところでは、この小説が発表されると、カトリックの世界では、曾野さんに対するバッシングさえ起こったらしい。それだけ、この小説は真実を突いていたのかもしれないね。

宗教は定義できるのか

第2バチカン公会議以前の修道院がそうであったように、世俗の世界と神の世界とを分ける壁が高かったということは、この二つの世界を明確に区別しようとする意識が強かったということだ。

それは、カトリックにとって本質的なことで、世界というものは、神の世界と人間の世界とで明確に二分されているわけだ。

それは、実はカトリックと似ている仏教についても言えることで、仏教においては、仏の世界と人間の世界がはっきりと分けられている。

カトリックと仏教では、神と仏との違いがあるけれど、神も仏も、人間を超えた超越的な存在であるところで共通している。もっと一般的なことばで言えば、それは、「聖と俗」の区別があるということになる。

エピファニーで考えれば、聖はエピファニーの世界で、俗はそうではない世界ということになるわけだ。

宗教について研究しようというときには、「定義」ということが問題になってくる。これまで、その点については話してこなかったけれど、いったい何をもって宗教としてとらえるかがはっきりしなければ、宗教の研究なんてできないわけだ。そうなれば、宗教学は成り立たないことになる。

でもね。この宗教の定義ということが、意外なほど難しくって、今でも、世界中の宗教学者が共通して認めるような宗教の定義というものは存在しないんだよ。

そんなことを言うと、君は、だからお父さんの研究している宗教学はいい加減なのよと言うかもしれないけれど、宗教は、世界中にあって多様で、しかも人類が生まれたときからあるものだから、そのすべてをひとまとめにして、これが宗教だと一つに定めることが難しいんだ。

宗教の定義は、宗教学者の数ほどあると言われたりする。ますますいい加減だと言われそうだけれど、宗教によって、性格がかなり違うので、どうしてもそうしたことになってしまうわけだ。

そんななかで、聖と俗の区別があるということをもとに、宗教を定義するような試みがいろいろとなされてきた。

一番代表的なものが、フランスの社会学者、エミール・デュルケムという人の定義で、宗教というものは、世界を聖と俗に分け、両者を隔絶したものとしてとらえた上で、さまざまなお祭りや儀式を行って、信者のあいだの結束を固める共同体、教会を組織するものであるというのが、その定義なんだ。日本の辞書でも、これに従って宗教の項目で説明したりしている。

そこには、宗教と呪術とは別のものだという考え方が働いている。呪術の場合には、その中身は、人間の世界を超えたものが存在することを想定するんで、宗教にかなり似ている。ところが、呪術に期待する人たちは、それで自分の病気が治ったりすれば、もうそれを頼りにする必要がなくなって、呪術師との関係をもたなくなる。

ところが、宗教の場合には、病気治しのようなことだけで結びついているわけではないので、信者は、教会のような場所に集ってきて、そこは人々を強く結びつける共同体としての性格を持つようになる。そこで呪術とは区別されるというわけだ。

デュルケムは、実はユダヤ人なんだけれど、フランスのキリスト教の社会のなかで生きてきたから、キリスト教をモデルに、彼の定義を組み立てているところがある。

つまり、デュルケムの定義というのは、キリスト教とはどういう宗教なのかを説明したものであって、では、他の宗教にも当てはまるかと言えば、必ずしもそうじゃないわけだ。

ところが、日本の場合には、仏教が聖なる世界と俗なる世界とを厳格に区別していて、お寺も、檀家組織になっている点で共同体の性格をもっているから、このデュルケムの定義がかなりあてはまる。だから、日本の宗教学の世界では、デュルケムの定義を代表的なものとして扱って、大学の授業なんかでも、学生に教えるようになっているんだけれど、キリスト教や仏教には当てはまっても、それ以外の宗教に当てはまるかどうかは、保証できない。

たとえば、神道のことを考えてみると、神社では、聖なる世界と俗なる世界とが厳格に区別されていて、そこではこの定義が当てはまるように見えるけれど、神社の祭祀を司る神主は俗人で、出家しているわけではない。

それに、神社には氏子の組織があったりするけれど、神社に礼拝に来る人たちがすべてその組織に加入しているわけではないから、はっきりと共同体が組織されているとは言えないんだ。

何より、この定義が一番当てはまらないのが、キリスト教に次いで世界で二番目に多い、イスラム教なんだよ。今度は、イスラム教について語る必要があるかもしれないね。

宗教は失恋を救えるか

何だって、君の友だちが失恋した！

失恋の痛手から立ち直れなくて、「もう私死ぬ」とか、「人生の生き甲斐がなくなって、何もしたくない」と叫びまくっているというわけかい。

そりゃ大変だ。

恋愛をしなければ、失恋なんかしないわけだから、恋することなんてやめておけばいいわけだけれど、人間そうもいかないからね。

不意に誰かを好きになって、いてもたってもいられなくなることがある。

そりゃ、僕だってあるさ。僕が恋をしなかったら、君だって生まれていないわけだからね。

まあ、それはいいとして、それで、失恋に効く宗教はないかってことだね。

失恋に効く宗教かあ。

そりゃ、恋愛のために役に立つ宗教はあるよ。日本だと、縁結びの神社とかたくさんあって、若い女の子が来て、お祈りをしたり、絵馬に「恋愛成就」とか書いて、奉納したりしている。そういうときは、誰が見ているかも分からないのに、相手の名前まで書いて、「どうか、○○君と結ばれますように」とかね。

でも、そういう縁結びで有名な神社に行ってみると、案外多いのが縁切りの方だ。縁を結んでくれる神さまなら、きっと縁を切る方にもご利益があるに違いないと、そういうことを願いに来る人が少なくない。絵馬にも、縁切りの願いが書いてあって、ちょっと、口に出すのもはばかるような恐ろしいことが書いてあったりする。

夫と浮気相手との縁が切れますようにとか、息子の嫁に離縁してほしいとか、読んでみるとぞっとするものだってある。「死ね」とか書いてある絵馬もあるね。

そうそう、縁切りじゃなくて、問題は失恋の悲しみを癒す方だね。

一度、儒教の話をしたことがあるけれど、儒教という宗教は、男性優位の社会に生まれたせいもあって、恋愛なんてことにはまったく関心がむいていない。結婚した後に、いかに夫に尽くすかとか、舅や姑に尽くすかとか、そうしたことに関係する教えしか説かれていないわけだ。

日本の神道だと、縁結びのご利益を宣伝している神社は多いわけだけど、なかには、失恋にもご利益があるとされるところもないわけじゃない。結局は新しい縁を結んで、前のことは忘れた方がいいということになるから、失恋の悲しみを直接癒してくれるというわけじゃなさそうだ。

キリスト教だと、キューピッドとか、天使とかが恋愛を助けてくれるという信仰があったりするけれど、一番重要なのは、神の永遠の愛だから、人間の一時的な恋愛感情なんてものは、あまり相手にしてくれないのかもしれないね。

カトリックだと、結婚は、教会が与えてくれる七つの秘跡の一つに含まれているけれど、恋愛には結婚ほど高い価値は与えられていないんじゃないだろうか。

その点では、仏教は意外に失恋から救ってくれる宗教かもしれないね。

仏教では、人間はさまざまな苦に直面し、そこからの解脱を求めているとされるわけで、そうした苦を集めたものを「四苦八苦《しくはっく》」と呼んでいる。

四苦八苦というのは、とにかく思うようにならない状態のことをさして普通は使われるけれど、もともとは仏教のことばだ。四苦というのは、生老病死にまつわる苦のことだね。生まれることも、老いることも、病に陥ることも、死ぬことも、すべてが苦に結びつくというのが仏教の基本的な考え方だ。

その四苦の他に、もう四つ苦があって、それで八苦になるんだけれど、そのなかに、

「愛別離苦《あいべつりく》」というものがある。

愛する者と別れることから生まれる苦というわけだ。これなんか、まさに失恋の苦しみをさしているとも言えるね。もちろん、愛していた相手が死んでしまうというのも愛別離苦だけれど、愛し合っていた者同士が、なんらかの理由で別れなければならなくなる。たしかにそれは苦しいことだ。

仏教という宗教は、こうした四苦八苦からいかに解放されるのか、その手立てについて教えてくれる宗教だから、その点では、失恋の悲しみからの癒しということも、仏教がめざす救いの一つってことになる。

どうだい、仏教なら、友だちも救われるかもしれないだろ。

じゃあどうやって救ってくれるのかって。

それはもちろん、解脱や悟りだよね。苦の原因をつきつめていって、その根源が理解できれば、そこから解脱できる。

難しすぎるって。

そりゃ仕方がないだろ。苦から逃れるのは、それほど簡単じゃない。お釈迦さんだって、結局はそれが無駄だと考えるようになるわけだけれど、悟りを開くまでに何年も苦行をして、がりがりに痩せるまで自分を痛めつけたわけだから。

そんな話ちっとも役に立たないって。

信仰にすがって、失恋の悲しみから解放されようって言うのが、そもそも無理なんじゃないかね。

イスラム教徒は簡単になれる

そうそう、この前はイスラム教の話をしなきゃって、僕はそう言っていたはずだ。

イスラム教の場合にも、失恋の悲しみを癒してくれるような教えは説かれていないんじゃないだろうか。

いや、そもそもイスラム教に救いがあるのかどうか、そこからして問題なんだよ。

今話したように、それが簡単なことではないにしても、仏教では、悟りというものが救いを与えてくれることになっている。お釈迦さんの悟りは大変高度なもので、普通の人間には到底、その境地にはたどりつけないとはされているわけだけれど、お釈迦さんは自分の悟りにもとづいて教えを説いたわけで、それは一般の人々、仏教で言えば、衆生を救うことを目的にしていたと見ることができる。

キリスト教でも、カトリックの場合なら、教会が信者を救ってくれることになっている。ゆるし、あるいは懺悔というものがあるけれど、これは、前にも話したように、神父さんに対して罪を告白し、それで神の許しを乞うてもらうものだ。

プロテスタントだと、懺悔による救いは認められないけれど、聖書に記された教えを学ぶことによって救いがもたらされるという考え方はある。教会は、そこへ信者を導いてくれるというわけだ。

今のイギリスにはないと思うけれど、昔のイギリスで「リバイバル」という運動が流行したことがあった。アメリカでもあるね。アメリカだと、どんどんとフロンティアが拡大していった時代に、開拓民はいかにして生活の基盤を確立していくのかにだけ関心をもっていて、信仰のことなんて考えなかった。

だから、開拓地にははじめ教会などなかった。そこで、宣教師たちは開拓民を追いかけていって、屋外にテントを張って集会を開き、そこで説教をして、集まった人たちの信仰心を覚醒させるということをやっていった。それが信仰復興、リバイバルだ。

今でも、アメリカにはテレビ教会とか、大規模なメガチャーチというのがあって、そうしたところでは信仰を覚醒させて、寄付を集めることをやっているけれど、それもリバイバルの伝統に則っていると言えるわけだ。

洗礼を受けること自体が救いに結びつくという考え方があって、リバイバルの運動をするときには、信仰が覚醒された人間に改めて洗礼を施したりするんだ。そのときは、プールとか川に全身を浸すやり方がとられたりする。これは、パフォーマンスとしてはかなりの効果があって、それを受けた人間は、自分が生まれ変わったように感じるものなんだ。キリスト教が世界に広がっていったのも、それが救いを与えてくれる宗教だったからだ。それは、仏教についても同じように言えることかもしれない。救いを与えてくれるからこそ、人は宗教を信じる。一般にもそのように考えられているんじゃないだろうか。

でも、それとは対照的なのがイスラム教の場合ということになってくる。簡単に言ってしまえば、イスラム教には救いということがないんだ。なにしろ、イスラム教には、仏教の悟りや、キリスト教のリバイバルや洗礼にあたるものがないからね。エピファニーがないとも言えるね。

たとえば、イスラム教に入信しようとする際に、どうするかということがあるよね。たいがいのイスラム教徒は、イスラム教が広がった地域に生まれるわけで、特別な入信儀礼というものは経験していない。生まれつきイスラム教徒で、それ以外の選択肢がないわけだから、改めてイスラム教徒になったことを確認する必要もないわけだ。

日本だと、赤ん坊が生まれると、「初参り」ということをやる。生まれたことを地域の氏神さまに報告するために、家族で神社を訪れるわけだ。これは、神道の入信儀礼にあたるもので、この初参りを経て、その地域の氏子になったことになる。

その点では、今の日本人も、けっこう熱心に入信儀礼をやっているわけだけれど、イスラム教では、赤ん坊をはじめてモスクにつれていって、それで信者になったことを確認するなんてことは行われていないはずだ。

別の宗教から改宗して新しくイスラム教徒になるときには、二人のイスラム教徒の立ち会いのもとで、「ラーイラーハイッラーッラー、ムハンマドゥンラスールッラー」と唱えればいいことになっている。これは、「アッラーの他に神はなし、ムハンマドはアッラーの使徒なり」という意味だ。

簡単だろ。

それに、この入信儀礼を経たからといって、どこかに報告したり、登録したりするわけではないから、実質的には何もしなくても、つまりは、自分がイスラム教徒だと思えば、それでイスラム教徒になれると言える。それほど、イスラム教の敷居は低いんだ。これ自体が、不思議に思えるかもしれないな。

シンプルなんだイスラム教は

日本人は、イスラム教のことが分からない、分かりにくいと考えている。

それも、日本にはまだイスラム教徒が少ないからだ。日本人のイスラム教徒となると、ほんのわずかしかいない。1万人もいないんじゃないかな。たいがいは、イスラム教徒と結婚した女性がイスラム教に改宗する場合だね。

ただ、旅行や仕事で日本に来るイスラム教徒も増えているから、昔よりはイスラム教徒に接する機会は増えてきた。

逆に、日本人が海外へ出掛けていったときには、イスラム教の国もそのなかに含まれるから、海外で接する機会は確実に増えている。インドネシアなんて人口が多いから世界最大のイスラム教国になっている。

でも、テロの問題もあったりして、イスラム教は分からない、理解できないと考えている人の方が多いんじゃないだろうか。

君のいるロンドンだと、地域によってはイスラム教徒の数が相当に多くなったところもあるらしいから、日常的に接する機会も多いはずだ。

でも、ロンドンの人たちのあいだで、イスラム教に対する理解が深まっているのかどうか、それはかなり難しいようだね。

たとえば、イギリスには、宗教別の公立学校があって、親は信仰に応じて、子どもを、それぞれの宗教にしたがった学校に送れるようになっているけれど、それは、異なる信仰をもった人間同士が交わる機会を奪うことにも結びついているようだね。

でも、移民という形で、イスラム教徒が増えてきている。地下鉄とバスの同時テロなんてこともあったよね。そうなると、友好的な関係を結ぼうというより、できるだけ距離をおこうということになってしまう。あるいは、移民を否定したり、追い出そうとするような勢力が台頭したりする。

「文明の衝突」なんてことを指摘する学者もいて、キリスト教とイスラム教は相いれないという考え方をする人が少なくないのかもしれない。

身近にイスラム教徒がいなければ、理解は進まないわけだけれど、かえって身近にいると、利害も対立して、相互理解が妨げられたりする。それこそが、今世界中が直面している大問題だ。

それをどうしたらいいかということは、簡単には言えないし、おそらく時間もかかることだろうけれど、とりあえず、僕たちは、イスラム教がどういう宗教なのかをはっきりと認識しておく必要があるんじゃないだろうか。

そのとき是非とも認識しておかなければならないのは、イスラム教は数ある宗教のなかで、実はもっとも分かりやすいものだということなんだよ。

ある意味、イスラム教が理解できないと思ってしまうのは、イスラム教があまりにもシンプルすぎて、他の宗教にあるものが大幅に欠けているからかもしれない。

さっき言った救いの問題なんて、その典型だよね。

宗教の存在価値は、人々に救いを与えることだと考えている人は多いと思うけれど、イスラム教には救いという側面がない。その点が、案外、イスラム教に対する理解を妨げているように思うんだ。

救いがない宗教なんてあるんだろうか。

君も疑問に思うだろうね。

仏教にもキリスト教にも救いということがあって、それが信仰の核心に位置づけられている。

もし、イスラム教に救いということがないんだとしたら、いったいどこにその存在意義があるんだろうか。そんな疑問も生まれてくるはずだ。

でも、本当に、救いということは宗教の本質なのだろうか。僕らは、そのことも併せて考える必要があるんじゃないだろうか。

イスラム教の教義の中心に何があるか知っているかい。

それは、「六信五行《ろくしんごぎょう》」と呼ばれている。それは、イスラム教徒が信じなければならない六つの事柄と、イスラム教徒がしなければならない五つの行為からなっている。

六信の方は、神（アッラー）、天使（マラーイカ）、啓典（クトゥブ）、使徒（ルスル）、来世（アーヒラ）、定命《じょうみょう》（カダル）からなっている。

神は分かると思うけれど、神のメッセージをムハンマドに伝えたのが天使だ。そのメッセージを記したものが啓典の『クルアーン』に当たるわけで、それはアラビア語で記されている。使徒はムハンマドのことだ。来世が存在することもイスラム教の前提になっている。定命というのは、人がたどる運命はすべて神によって定められているというものだ。

これだけ信じていればいいわけだけれど、その信仰を形にして表現したものが五行になる。五行には、信仰告白（シャハーダ）、礼拝（サラー）、喜捨（ザカート）、断食（サウム）、巡礼（ハッジ）が含まれる。

信仰告白というのは、イスラム教に改宗するときに唱える「アッラーの他に神はなし、ムハンマドはアッラーの使徒なり」のことだ。これは、礼拝のときにも唱える。

礼拝というのは、一日に5回、決められた時刻にメッカの方角にむかって礼拝するというもので、これについては、よく知られているね。

さらに、喜捨というのは、これは仏教でもキリスト教でも強調されていることで、どの宗教にもあるんだけれど、金のある人間は貧しい人間を助けるために金を出すというものだ。

断食は、一年に一度めぐってくる断食月のあいだ、日の出から日没まで、食べ物をとらないことはもちろん、水も飲まず、唾さえ飲み込まないというものだ。もっとも、断食の時間が終わると、宴会のようになって、ご馳走を食べたりするので、日本人が考える禁欲的な断食とはかなりイメージが違うかもしれない。

巡礼は、これもおなじみだけれど、イスラム教の聖地であるサウジアラビアのメッカに、巡礼月に巡礼をするというものだ。メッカの近くに住んでいれば、それほど大変ではないかもしれないけれど、遠方に住んでいれば、かなり大変なことだ。今だと、飛行機を使えるけれども、昔だったら、船や陸地を歩いて、何日もかけなければならなかった。

最近は、巡礼を希望するイスラム教徒の数があまりにも増えているので、その年に巡礼できる信者の数が制限されていて、そう簡単には巡礼を果たせなくなっている。

これが五行で、イスラム教徒にとっては信仰上のつとめになっている。

しかしね。イスラム教徒がしなければならないことは、この五つの事柄に限られるわけで、他にはないんだ。実にシンプルだろ。

豚肉を食べてはいけないとか、酒を飲んではいけないとか、そういうことがあるじゃないかって。

たしかに、そうした規定もあるけれど、それはしてはならないことで、しなければならないことじゃない。僕ら日本人からすると、トンカツを食べられないのは嫌だと思うかもしれない。けれども、イスラム圏では、教えによって禁じられているから豚肉を食べないというより、豚は汚いという観念が広がっていて、それで食べなかったりする。少なくとも、我慢して豚肉を食べないようにしているわけじゃない。食べたくないんだ。

酒についても、厳格に禁じている国もあれば、寛容な国もある。もちろん、海外から観光客が来るような国では、外国人に酒を提供しているわけだけれど、トルコなんかでは、イスラム教徒のトルコ人も酒を飲んだりする。

簡単に言ってしまうと、毎日、一日5回の礼拝を欠かさず行い、金曜日は集団礼拝の日になっているので、午後に近くのモスクに行って礼拝をする。他には、断食月には断食を行い、巡礼の機会がめぐってきたら、それを果たす。一般の礼拝でも、モスクがあればそこでやる。

これだけが、イスラム教徒の果たさなければならない信仰行為ということになるわけだ。他にはないんだ。

イスラム教徒以外の人間は、僕らを含めて、一日5回礼拝するなんて、本当に信仰熱心だと考えてしまう。

けれども、礼拝をする間は、仕事を休むことになるわけで、ちょっとした息抜きになっているという側面もある。息抜きという言い方は適切ではないかもしれないけれど、気分転換になっていることは間違いない。

礼拝は、イスラム教が広がった地域では、日常の習慣になっていて、特別なことじゃない。日本でも、朝通勤するときに通りがかりの神社でお祈りして、帰りもするという人はいるし、やはり朝晩仏壇の前でお経を読むという人はけっこういる。それと同じようなものだね。

断食については、オリンピックやワールドカップが断食月と重なると、選手にとっては面倒なことになったりするけれど、一般のイスラム教徒にとっては、これも習慣で、断食が終わってからご馳走を食べるというところで、お祭りに近い感覚があるということになる。

僕が以前書いた本のなかで、神道とイスラム教が近いのではないかと考えたことがあるけれど、こうした面でも、その考えは間違っていない気がする。神道も相当にシンプルだ。難しい教えなんてないからね。

イスラム教のシンプルさに気づいたとしたら、それはもう理解が難しい宗教ではなくなるんじゃないだろうか。そうした側面からイスラム教を見てみると、今までとは違う理解ができるようになると思うから、この話はもう少し続けようね。

ところで、失恋したというのは、本当に君の友だちなのかい。

イスラム教には組織がないんだ

失恋事件は解決したのかな。

そんなことをメールしたら、しばらく返事がこなかったけれど、「それよりもイスラム教の話をしてくれ」って。

いやだから、まあ、人生いろいろあるわけだ。

そんなとき、我々日本人は、すぐに「人生は無常だ」と言ってみたくなる。この無常というのは、もともと仏教のことばで、この世界はつねに変化をし続けていて、一つところには定まっていない。だから、移ろいやすい現実にこだわっていても仕方がない。仏教の世界では、そんな話になってくるわけだ。

念のため言っておくけれど、これは、失恋の話をしているわけじゃなくって、あくまでイスラム教についての話なんだからね。

イスラム教には、この無常にあたる考え方はないんだ。何しろ、この世界は、唯一絶対の神によって造られたもので、その世界でどういったことが起こるか、すべては神の計画によるものだとされているわけだからね。

この前、イスラム教の六信についてふれたと思うけれど、そのなかに「定命」というのがあった。これが、すべては神の計画したことだという信仰になるわけで、そこからは無常なんて考え方はどうやっても生まれてこない。世界を無常ととらえたとしたら、それは神の存在を否定することにもなってしまうからね。

こういう言い方をすると、イスラム教という宗教は、絶対的な神をひたすら崇めていなければならない、相当に厳格な宗教ということになってしまうかもしれないし、実際そのように考えている人が多いわけだけれど、実際には必ずしもそうじゃないんだ。

そこにイスラム教に対する根本的な誤解がある。それは、僕たち日本人だけではなく、君が今生活しているヨーロッパの人たちについても言えるはずなんだ。

ヨーロッパの人たちは、今では、キリスト教の信仰を持っている人が減ってきて、教会にも行かなくなっているわけだけれど、長くキリスト教の信仰を守ってきたし、そのなかで生活しているわけだから、キリスト教を基準に宗教というものを考えてきた。今だって基本的にはそうだね。

だから、キリスト教以外の宗教に接したときにも、キリスト教をもとにして、キリスト教と同じようなものとして他の宗教を理解しようとするところがある。

もっと言えば、古代においてキリスト教は世界中のあらゆる地域に広がったという伝説があって、それが信じられていたりするので、他の宗教と出会ったときでも、もしかしたらその宗教はキリスト教が変容したものではないかと考えてしまうんだ。

それは、僕ら日本人のなかにもある。日本では、キリスト教はそれほど広まっていないし、僕ら親子もキリスト教徒だというわけではないけれど、近代に入って取り入れられたキリスト教は、その時代の日本人からはるか先を行く西欧文明の象徴としてとらえられたこともあって、宗教の理想的な形態であり、モデルであるという受け取り方をしてしまったところがある。

宗教について専門に研究する学者が、仏教について研究しようとする場合であっても、ヨーロッパやアメリカへ出掛けていって、そこで西欧流の仏教学を学んだということも影響しているね。何しろ、宗教について解説してくれるのは、そうした専門家としての学者だからね。

僕も宗教学者の端くれだから、西欧の宗教学の影響はもろにかぶっている。学生の頃には、とくに新しい学問的な動向が盛んになっていた時代だったので、洋書を読んで、そういった動きを必死に追おうとしたこともあった。僕だってそれなりに勉強しているんだ。

すごく勉強したとも言えるんじゃないかな。

それはともかく、西欧流の宗教学は、キリスト教世界で発展したものだから、どうしてもキリスト教をモデルにして他の宗教も理解しようとする傾向が強い。とくに、宗教学が発展を見せた近代においては、西欧文明が頂点を極めていたわけだから、西欧の人々にも強い自信と自負があった。キリスト教があったからこそ、西欧文明は大きく発展したのだという見方もあった。

そんな影響を受けて、日本でも、宗教とは何かを考えるときに、どうしてもキリスト教を基準にして、そこから他の宗教のあり方を観察したり、その価値を評価したりする傾向が生まれてしまったわけだ。

キリスト教では、礼拝という行為は重要だし、それは仏教や神道でも同じだ。信者なら、誰もが神や仏にむかって礼拝をするわけだけれど、熱心なキリスト教徒でも、一日5回、仕事や勉強を中断して、その時間を礼拝にあてるなどということはやっていない。

だから、イスラム教徒が一日5回礼拝をしている、それを欠かさず実践しているということを聞くと、イスラム教徒は、一般のキリスト教徒に比べてはるかに信仰に熱心だと判断してしまうわけだ。たしかに、周囲に一日何度も礼拝をする人間がいたら、その人はよほど信仰に熱心だと、周りは見るよね。

でも、どうだろうか。本当にそう言えるんだろうか。

最初の頃に、イスラム教のメッカへの巡礼と日本の初詣について比較してみたことがあったけれど、イスラム教の巡礼は苦行じゃない。厳しい試練が課され、それを克服しないと実現できないものではないわけだ。

断食だって同じだ。僕らは、断食というのは、苦行だと考えていて、断食をするなら、できるだけ長くそれを続けた方が価値があると考えている。

そうした断食についての考え方をもっている僕らからすれば、イスラム教徒が、断食月のあいだ、断食を続けることは、信仰熱心な証だと考えてしまう。

けれども、巡礼月のラマダンが続くあいだ、どうしても腹が減るので、動くのが億劫になり、一日中、食べられない時間はだらだらしているとも言われている。しっかりと断食に耐えるという感じではないんだね。

ここでも、僕らの断食についての考え方からイスラム教徒の断食について考えてしまうことは、どうもそれを正しく認識できないということになってしまうわけだ。

神が絶対だから皆平等

イスラム教について考えようとするときには、僕らは、一度、キリスト教を基準にして考えるのを止める必要がある。

イスラム教も、キリスト教も、同じく一神教に分類されてはいても、そのあり方は随分と違う。イスラム教は、さらにそのもとにあるユダヤ教とはかなり似た部分があるけれど、それに比較すると、キリスト教とは意外なほど違いが大きいんだ。

『クルアーン』を読んでみると、そのなかに、ムーサーやイーサーという人物が登場する。マルヤムというものも出てくる。

聞いたことがない名前だと思うかもしれないけれど、実は、ムーサーはモーセのことだ。イーサーはイエス・キリストのことで、マルヤムはマリアだ。

ここには、イスラム教がユダヤ教やキリスト教に比べて後発の宗教で、その影響を強く受けていることが示されているわけだけれど、そうした人物をどのようにとらえるのかということでは、根本的な違いがある。

イエス・キリストのことで言えば、キリスト教では、イエスは「神の子」と呼ばれていて、三位一体の教義では、父なる神と等しい存在と見なされている。最後の審判が訪れたときには、ふたたび地上に現れ、これは「再臨」と言うわけだけれど、善なる人々をすべて救い、天国に導いてくれると考えられている。その意味では、まさに救い主で、救世主だ。

ところが、神の絶対性をとくに強調するイスラム教の立場からすれば、イエスを神と同等と考えることはあり得ないし、あってはならないことで、それは神を冒瀆するに等しいことだと考えられている。

イエスは、それまで現れた数々の預言者と同じく普通の人間だというのが、イスラム教の基本的な立場だ。

比較して見ていくと、いろいろと宗教による違いということが明らかになって、それぞれの宗教についても理解が進むわけだけれど、とにかく、イスラム教がキリスト教とは相当に異なる宗教だということは理解できたと思う。

それを踏まえて、一つ重要なことは、イスラム教においては、基本的に組織というものが存在しないということだ。

この点は、イスラム教について考えようとする際に、ほとんどの場合注目されていない点なんだけど、僕はそれがとても重要なことだと考えている。

それぞれの民族のあいだで自然に発生した民族宗教ではなく、創唱者のいる創唱宗教では、特定の創唱者が存在し、その教えがあって、それは聖典にまとめられている。それが前提だ。

その上で、聖典に示された教えを信奉する信者がいて、信者は、教団という組織を作り上げていると考えられている。

キリスト教のカトリックだと、ローマ教皇を頂点とする強固な教会組織が作り上げられていて、信者はそれぞれが地域の教会に所属するという形がとられている。

プロテスタントでも、宗派ごとに教会があり、信者はその教会に組織されている。教会を指導する牧師も、宗派によってその資格を認められている。

仏教の場合も、宗派やそれぞれの寺は一つの組織になっている。個々の寺の場合には、住職がいて、檀家がいるわけで、檀家はその寺に所属する形になっている。

神道になると、神社に参拝に来る人たちは、必ずしもその神社に所属しているというわけではないけれど、地元の人たちは崇敬会という組織を作っているし、神社に付属する形で教団が組織されているようなところもある。たとえば、出雲大社には、出雲大社教があるね。

そのように見ていくと、どんな宗教でも、それが創唱宗教であれば、あるいは、神道のような自然宗教、民族宗教でも、必ず組織が作り上げられていることになり、宗教と組織とは密接不可分な関係にあるということになる。

ところが、イスラム教では、この組織というものが存在しない。少なくとも、教団組織がイスラム教に欠けているのは間違いないことだね。

そんなことを言うと、スンニ派とか、シーア派とかがあるじゃないか、モスクはどうなんだということになってくるけれど、イスラム教で、なんとか派と呼ばれているものは、教団ではなくて、学派なんだよ。イスラム法をどのように解釈するかで、学派の違いが生まれたのがもとで、キリスト教のプロテスタントや仏教の宗派とは根本的に性格が違う。

モスクにしても、あれは、あくまで礼拝所で、そこに集まってきて礼拝する人たちは、それぞれのモスクに所属するという形はとっていない。たまたま、近くにモスクがあるから、そこへ行くだけで、旅行などしていれば、旅先のモスクで礼拝すればいいことになっている。

僕ら日本人は、社会というものを考えるときに、社会はさまざまな組織によって構成されるものだと考えている。

たしかに、日本の社会には実に多様な組織があって、僕らは、皆、なんらかの形で組織に所属している。しかも、一つじゃなくて、複数の組織に所属していたりする。

それは、欧米の社会でも同じだ。人間が社会生活を送るには、なんらかの組織に所属しなければならないというのが、少なくとも先進国では前提になっている。

だから、僕らは、あらゆる社会において、組織が重要な役割を果たしているに違いないと、それこそ深くは考えもしないで思い込んでしまっているけれど、組織の発達していない社会というのは少なくない。

イスラム教の世界で、宗教組織と言えるようなものは、エジプトのムスリム同朋団くらいしかないと言う専門家もいる。ムスリム同朋団は、原理主義の組織と見なされることが多いけれど、今ではエジプトでかなり弾圧を受けていて、壊滅的な状態になっている。もしムスリム同朋団が解体されてしまったら、イスラム世界には本当に組織が存在しないことになってしまう。

組織が存在しないのは、なんと言っても、イスラム教で神の絶対性が強調されているからだね。神が絶対で、その神のもとにある人間は皆平等だ。組織が生まれるということは、平等であるはずの人間の間に身分や地位の上での格差が生まれることを意味する。それは、イスラム教の立場からすれば、あってはならないことなんだ。

イスラム教が誕生したとき、アラブの社会にはたくさんの部族があって、それぞれが別々の神を信仰し、お互いに争っていた。カーヴァ神殿にたくさんの偶像が祀られていたと伝えられているのも、それぞれの部族がそこに自分たちが信仰する神を安置していたからだろうね。

ムハンマドは、それを一掃してしまった。個々の部族が自分たちの神を偶像として祀っている限り、その間には対立が続き、平和は訪れない。アッラーという一つの神のもとに結集しなければ、アラブの社会に平和はこないというわけだ。

なぜイスラムという新しい宗教がアラブの社会に誕生しなければならなかったのかということは、部族を超えてまとまる必要性に原因が求められるのではないだろうか。今でも、アラブの社会では、部族というまとまりが重要な役割を果たしていて、人々の関心も、部族のなかでの結婚とかそういうことにもっぱら集中しているらしい。

部族というのは、血のつながりによって、親子や夫婦の関係で広がっていくもので、組織とは言えない。どの部族に属するかはあらかじめ決まっていて、他の部族に途中から入るというわけにはいかないものだ。

こうした部族があるからこそ、イスラム教の世界では、組織が発達していないとも言える。組織に多くの人間が加われば、部族の結束が失われたりするからね。日本でも古代には各地に豪族がいたし、中世でも武士は一族や家でつながっていたから、アラブの世界に近かったのかもしれない。

組織があれば、その組織に属している人間には、守らなければならない戒律が課せられる。僕らは何げなく戒律ということばを使うんだけれど、本当は戒律と言うよりも、律と言った方がいいかもしれない。戒の方は、自発的に守るもので、それを破っても、罰則はないけれど、律の方は、組織の規則だから、破れば罰が下される。

この点からすると、イスラム教の五行は、皆、戒であって、律じゃないということになる。だから、一日5回礼拝しなくても、罰が下されたりはしない。断食月に、日中食べてしまっても、それで罰せられるわけじゃない。組織が存在しないんだから、そのメンバーに懲罰を加えることはできないんだ。

組織を当たり前だと考えている僕らは、イスラム教の戒を、律であると誤解してきたんではないだろうか。だから、一日5回礼拝することは、必ず果たさなければならないイスラム教徒の義務だと思ってしまう。

でも、イスラム教の世界には、組織がなく、律がないので、義務というものも成り立たない。

神の定めたことを守らなければならないという点では、それは義務かもしれないが、あくまでそれは神と個々の人間との関係の上でのことで、他の人間はそこにかかわることはない。

そう考えると、イスラム教というのは、相当に緩《ゆる》い宗教だということになる。やることも、信じることもシンプルだし、義務もないんだから、宗教によって縛られるという事態は生まれようがない。

どうだい。イスラム教についてのイメージが変わってきたんじゃないだろうか。

でも、そんなに緩い宗教から、どうしてテロのような行為が生まれてくるのか。そのことは、もう少し考えてみないといけないかもしれないな。

神はアブラハムを試したんだ

宗教が暴力に結びつくというのは、何も現代だけに見られることじゃない。ヨーロッパの中世では、十字軍という試みがあった。これは、聖地エルサレムが、イスラム教の勢力下におかれていたから、それを奪還しようとして、キリスト教の教会が軍隊を送り込んだものだ。

なにしろ十字軍を招集したのは、ローマ教皇だからね。異なる宗教のあいだでの勢力争いということに発展していった。

キリスト教とイスラム教というのは、どちらも一神教だ。日本人は、八百万の神々を信仰の対象としているから多神教だということになるけれど、キリスト教でもイスラム教でも、この世界を創造した唯一の神が信仰の対象になっている。

日本人の信仰する神々のなかには、天照大神のように太陽神から生まれた中心的な神もいるけれど、天照大神がこの世界を作り上げたというわけじゃない。日本の神々の世界には、そんな絶対的な存在はいないわけだ。

ところが、一神教では、神は絶対の存在で、基本的にそれ以外に神はいないことになっている。その伝統は、キリスト教が生まれる前にユダヤ教のなかではじめて生み出されたもので、それがキリスト教にも受け継がれた。そして、イスラム教では、よりいっそう神の絶対性が強調されるようになった。

一つ問題になるのは、だったら、ユダヤ教で信仰される「エホバ」と呼ばれる神と、キリスト教で信仰される「父なる神」、そして、イスラム教で信仰される「アッラー」がいったいどういう関係にあるかということだね。このことは、重大な事柄のはずなんだけど、日本人はあまり考えたりはしない。もしかしたら、ユダヤ教やキリスト教の人たちも考えることがないかもしれない。

ところが、イスラム教の立場からすると、この点についてははっきりとした答えが出ているんだ。

預言者ムハンマドは、天使を通して神のメッセージを下されるわけだけれど、その神は、イブラーヒムが信仰していたものだと考えられている。

イブラーヒムなんていう名前は、君はきっと聞いたことがないだろうと思うけれど、旧約聖書の「創世記」に出てくるアブラハムのことなんだ。アブラハムなら聞いたことがあるだろ。イブラーヒムというのは、アラビア語でアブラハムのことだ。

アブラハムというのはテラの子なんだけれど、とても信仰が篤かったとされている。ところが、アブラハムは、なかなか子どもを授からない。ようやくアブラハムが100歳になったときに子どもを授かる。妻のサラも、そのときは90歳だった。そんな高齢での出産はとても考えられないことだけれど、「創世記」のような神話に出てくる人物は、皆途方もなく長生きだ。日本の神話でもそうだよね。

アブラハムとサラは、ようやく子どもを授かったことでとても喜ぶわけだけれど、そこで神はいきなり理不尽な要求をしてくる。授かったばかりの子どもはイサクと名づけられたんだけれど、そのイサクを犠牲にするように求めてきたんだ。

動物を殺して、それを神に捧げるということは、どの社会でも行われていることだけれど、人間を犠牲にするというのは特別なことだ。

普通だったら、アブラハムもサラも、いくら神さまが要求してきても、それを拒んでも不思議ではないんだけれど、とにかく信仰が篤かったので、アブラハムは神の要求にはまったく逆らわなかった。そんなそぶりなどまったく見せずに、息子を犠牲にしようとした。

神は試したんだね。

神さまは随分といじわるにも見えるけれど、神が人間を試すというのはよくあることだ。

それに、神は、アダムとイブには裏切られた経験をもっているから、人間の信仰に対して疑いをもっていたということかもしれない。

それでも、アブラハムが一切文句を言うこともなく、命令に従ったので、それが分かると、即座に許した。もう息子を犠牲にする必要はないというわけだ。

このエピソードは、アブラハムがいかに神に対して忠実であるかを示しているわけで、ムハンマドもそれを評価し、このアブラハムが信仰していた神こそがアッラーであるととらえた。

そうそう、アッラーというのは、神の名前のように思われるかもしれないけれど、実はそうじゃない。アッラーというのは、アラビア語で神を意味する普通名詞で、固有名詞じゃないんだよね。

だから、アッラーを神の名前と考えるのは間違っている。

それはともかく、アッラーがアブラハムによって信仰された神だとすれば、それはユダヤ教の神であるということになる。ユダヤ教の神は、当然、キリスト教の神でもある。となれば、この三つの一神教で信仰される神は、すべて同一の神であるということになるわけだ。

聖地を共通にしているがゆえに

イスラム教の立場からすれば、自分たちが信仰しているアッラーは、ユダヤ教やキリスト教で信仰されている神と同じで、神はそれしかいないということになる。

ただこれは、あくまでイスラム教の立場から見た場合のことで、それをユダヤ教やキリスト教の人間が認めているのかということになると、それははっきりしない。なにしろイスラム教の方が後から生まれた宗教なので、それより前に生まれたユダヤ教やキリスト教はイスラム教の信仰内容について考える必要がなかったわけだからね。

では、別の神を信仰しているのかと言えば、そうもならないわけで、その点は案外曖昧なんだ。けれども、イスラム教が、すでにユダヤ教やキリスト教が生み出された後に、その影響のもとに生まれたことを考えれば、神が共通していてもまったくおかしくない。

少なくとも、それぞれの一神教で別の神が信仰されていると考えるのは間違っているんじゃないだろうか。

とりあえず、イスラム教の立場にたって、三つの一神教の神は同じだとすれば、共通の神を信仰する者たちは皆仲間で、仲もいいはずだということになる。となれば、本当なら十字軍なんて試みは生まれないはずなんだけれど、そうはいかなかった。むしろ、同じ神を信仰しているからこそ、そうした争いが生まれたとも言えるんだ。そこには、エルサレムのあり方ということが深く関係している。

エルサレムという場所は、今はイスラエルにある。イスラエルはエルサレムが首都だと主張しているんだけれど、他の国はそれを認めていない。

イスラエルはユダヤ人の国で、ユダヤ教が支配的だ。エルサレムは、そのユダヤ教の聖地でもあるんだけれど、実はキリスト教の聖地でもあれば、イスラム教の聖地でもある。だから、どの宗教にも大事な聖地であるエルサレムを、ユダヤ教の支配的な国であるイスラエルが首都にすることに、他の国は反対するわけだね。

ユダヤ教では、エルサレムは、かつて神殿が建っていた場所だ。その神殿は破壊されてしまい、一部壁だけが残されている。それが、「嘆きの壁」というもので、今でもユダヤ教徒はそこで祈りを捧げている。

一方、キリスト教徒にとっては、エルサレムはイエス・キリストが十字架に掛けられて殺され、さらには復活をとげた場所だ。それにちなんで、エルサレムには聖墳墓教会というものがある。イエスの墓が教会になっているわけだね。

さらに、イスラム教徒にとっては、ムハンマドがあるとき、そこから一夜にして天に昇ったという伝承のあるところで、その証として岩のドームというものが建っている。神を共通にしているかもしれないが、別々の宗教がそこを聖地にしているわけだから、これほどややこしい場所もないよね。

もちろん、聖地のなかには、それまで別の宗教の信仰の対象になっていたものが、新しく台頭した宗教に取り込まれ、そちらの宗教の聖地になってしまうような例もある。イスラム教の最大の聖地、メッカのカーヴァ神殿だって、ムハンマドが現れるまでは、さまざまな部族がそれぞれの神々を祀っていた場所だから、イスラム教とは別の宗教の聖地だったことになる。

イスラム教以前の多神教は、ムハンマドが現れて、一神教を広めたことで力を失ってしまったわけだけれど、エルサレムを聖地とする三つの宗教は、ユダヤ教は民族宗教に留まったけれど、キリスト教とイスラム教は世界宗教に発展し、世界に膨大な信者を抱えるようになった。となると、聖地を共通にしているということはつねに大きな問題をはらむことになるわけだ。

そうしたことが背景にあって、十字軍が招集され、キリスト教の教会は聖地エルサレムを奪還しようとした。

イスラム教の側からすれば、これは完全な不意打ちだ。エルサレムが攻められようとは予測もしていなかっただろうし、もちろん攻撃に備えて準備もしていなかったはずだ。だから、エルサレムにいたイスラム教徒は、少数が脱出に成功したものの、皆虐殺されてしまった。実は、当時のエルサレムにはユダヤ人もいて、やはり虐殺の対象になった。あまりこのことは注目されていないけどね。

この不意打ちが功を奏して、十字軍はエルサレムを奪還することに成功する。それによって、エルサレムはキリスト教の聖地として復活したわけだ。

けれども、それでイスラム教の側が黙ってしまったわけじゃない。反撃を試みた結果、100年も経たないうちに、エルサレムはイスラム教の勢力によって奪い返されてしまう。その後、十字軍がふたたび奪い返したこともあったんだけれど、それも長くは続かなかった。結局、十字軍の試みは失敗に終わってしまったんだ。

十字軍が招集されたのはフランスでのことで、エルサレムはフランスからはかなり遠い。どうしても、遠方の地から派遣された軍隊を支え続けることは難しい。

それに実は、十字軍に参加した騎士たちは、必ずしも聖地を奪還するという信仰上の目的だけをもっていたわけじゃない。

戦いで功績を上げ、名声を獲得しようという動機もあったし、なかには、略奪を最初から目的にしているような連中もいた。そんな人間が含まれていれば、いろいろと問題が起こるのは当たり前の話だ。十字軍がうまくいくはずもない。

そうは言っても、十字軍に参加した騎士たちは、自分たちは聖なる戦いに従事していると考えていたかもしれない。そういう宗教的な目的が掲げられていなければ、いくら略奪が目的だとは言っても、行くだけで大変なエルサレムまでわざわざ赴いて、命を懸けて戦ったりはしないだろう。

「聖戦」ということばがあるけれど、十字軍の騎士たちにとって、それはまさに聖戦だった。

それは、十字軍の来襲を受けたイスラム教徒の側にも言えることだ。聖地エルサレムを守り抜くことは、彼らにとっても聖戦だった。イスラム教では、この聖戦のことを「ジハード」と呼んでいる。

実は、この時代には、イスラム教が広まった地域の方が文明としては高度なものをもっていた。というのも、イスラム教の支配下におかれた地域には、ギリシアやコンスタンチノープル、今のトルコのイスタンブールなどが含まれていたからだ。こうした地域では、古代文明が高度な形で発達していた。逆に、キリスト教が広がったのは、ゲルマンやケルトなど、イスラム圏に比べれば野蛮な地域だった。イスラム教徒としては、十字軍の来襲にさらされたとき、自分たちは野蛮な勢力に侵略されていると考えたに違いない。

しかし、こうした戦いは、キリスト教とイスラム教の教義が異なることから生まれたものじゃない。それは、宗教の対立というものが、教義の違いを原因としているわけではないということを意味している。

イスラム教の側からすると、世界はイスラム教が広がっているかどうかで二つに分けられる。イスラム教が広がった地域は、「イスラムの家」と呼ばれ、広まっていない地域は「戦争の家」と呼ばれている。

イスラムの家に暮らすのは、大部分がイスラム教徒だよね。でも、イスラム教徒ではない他の宗教の人間も含まれている可能性がある。考えられるのは、主にキリスト教徒やユダヤ教徒だ。

イスラム教の側からすると、キリスト教徒もユダヤ教徒も同じ神を信仰していることになるわけだから、彼らを「啓典の民」と呼んで、多神教の信者とは区別した。そして、人《じん》頭税《とうぜい》という税金さえ支払えば、それまでの信仰を持ち続けることも許したんだ。これが、イスラム教の同じ一神教の信者に対する対処の仕方になるわけだね。

この点では、イスラム教のやり方ははっきりしている。ちゃんとした方針に従って、共存していくための原則を確立しているわけだからね。

これに対して、キリスト教やユダヤ教では、こうしたやり方は確立されていないんだ。つまり、共存共栄の方法が作り上げられていなかったということになる。

ヨーロッパは、キリスト教が支配的な地域で、そこに入り込んだユダヤ教の人間たちが差別にあい、ゲットーと呼ばれる閉鎖された地区のなかに押し込められて生活しなければならなかったのも、キリスト教の側に、異なる宗教を信仰する人々とどのように共存していくのか、その方法が確立されなかったからではないだろうか。

ユダヤ教の場合にも、イスラム教と同じように食物規定があって、食べていい肉と食べてはならない肉とが定められている。というか、イスラム教はこのユダヤ教の食物規定を自分たちでも採用したわけだね。

この食物規定というのは、異なる信仰をもつ人間たちを分ける方向に作用する。現代でも、ヨーロッパでは、イスラム教徒の移民が増えていて、それが社会問題にもなっているわけだけれど、とくにドイツなど、豚肉の生産量も消費量も多い国だから、今とても数が多くなっているイスラム教徒のトルコ人にとっては、それが社会に溶け込むことを妨げていたりする。そうなると、イスラム教徒だけで集まって生活しなければならないということになる。それが、宗教の間の壁を高くしているわけだ。

フランスの政教分離とぶつかるイスラム教

日本の宗教には、ユダヤ教やイスラム教にあるような食物規定はないよね。

だから、こうしたことがいかに大きな意味を持つかについては、あまり考えることがない。

でも、ユダヤ教徒やイスラム教徒にとっては食物規定は絶対的なことで、それが侵されれば、強い反発の気持ちを抱くことになる。

にもかかわらず、グローバル化が進んだ現代では、イスラム教徒が他の宗教を信仰する人々のあいだで生活しなければならない状況がいくらでも生まれている。

イスラム教徒が多数派になっていれば、啓典の民に相対するようなやり方がとれるわけだけれど、少数派である間はそうもいかない。となると、かなりのストレスを感じることにもなるし、どこかで衝突が起こることにもなりかねない。

イスラム教徒の移民の多いフランスなどは、フランス革命を経てきただけに、政教分離ということについて厳格だ。革命前のフランスでは、カトリックの教会が大きな権力をふるっていた。革命という事態に至ったのも、そうした教会の権力を剥奪しなければ、民衆を中心として近代社会が実現されないと考えられたからだ。

フランス革命では、マリー・アントワネットがギロチンにかけられたことや、王さまの首が斬られたことが有名だけれど、教会に対しても攻撃が加えられて、聖職者が追放されたり、教会に対する略奪や破壊も行われた。

日本でも、明治に時代が変わるときに、「神仏分離」ということが行われて、それによって「廃仏毀釈《はいぶつきしゃく》」という事態が起こったのは知っているよね。お寺が破壊されたりした。それまで、同じようなことは、中国ではあっても、日本では起こらなかったんだけど、これで仏教は相当な打撃を受けた。お寺のなかには、完全に消滅してしまったところもある。廃寺になってしまったというわけだ。

フランスでも、これと同じような、あるいはこれ以上のことが起こった。それだけ、キリスト教の教会には権力が集まっていて、社会に君臨していたことになる。その分、憎しみを集めやすかった。日本でも江戸時代には寺請制度があって、お寺が権力の末端の役割を果たしていたから、それで憎しみをかった部分があったのと同じだ。

そうした歴史があるので、フランスでは、宗教が社会生活に影響を及ぼすことがないよう、厳密な形での政教分離ということが行われている。それは、「ライシテ」と呼ばれるんだけれど、聞いたことがあるかい。フランスに特有なことではあるけれど、それがかなり徹底されてきた。

フランスはもともとカトリックが支配的な国なんだけれど、こうした政教分離が厳格に定められていることで、カトリックの信仰はあくまで私的なもの、個人のものとして位置付けられている。

だから、最近のフランスでは、いわゆる「スカーフ法案」が作られた。これは、普通は、イスラム教徒の女性が被るスカーフを禁じたものだと解釈されているかもしれないけれど、対象はスカーフだけじゃない。公の空間に、大きな十字架を持ち込むことも、ライシテの原則に反すると考えられている。要は、宗教が公の空間にあからさまにその姿を現すことを禁じるというものなんだ。

ところが、イスラム教では、そもそも政教分離という考え方をとることが難しい。トルコなどは、国の成り立ちもあって、独特の政教分離の制度がとられているんだけれど、他のイスラム教の国では、そうしたことはまったくないし、あり得ない。

というのも、イスラム教では、キリスト教の社会にある聖と俗の分離ということがないからだ。

前に宗教の定義の問題にふれたときに、比較的多くの人が使う聖と俗との分離を強調するエミール・デュルケムの定義はキリスト教や仏教には当てはまっても、イスラム教には当てはまらないという話をしたはずだけれど、イスラム教の世界では、聖なるものが存在していないとも言えるんだ。

たとえば、イスラム教には、世俗の世界を捨てた聖職者などいないし、礼拝所のモスクに行っても、そこには神聖とされるようなものはいっさいない。あるのは、メッカの方角、キブラを示したミフラーブという壁の窪みだけだ。

メッカにあるカーヴァ神殿だって、実はそのなかには何もない。絨毯が上からかぶせてあるんだけれど、なかに日本の神社のように御神体があるわけじゃない。内部を撮影した映像を見たことがあるけれど、本当にからっぽだった。

この世界は、神が創造した世界で、いつもその神が臨在しているわけだから、そのまま神聖だとも言えるし、すべてが俗だとも言える。少なくともイスラム教の世界では、聖と俗の区別がないわけだ。

社会に溶け込もうとするときに宗教が壁になる

今では、イスラム教徒の女性たちは、どこでもスカーフを被っている。これは、「ヒジャブ」と呼ばれている。

ただ、どこまで覆うかでいろいろな名称があって、目だけしか出さない「ブルカ」とか、顔は出すが全身を覆ってしまう「チャドル」とか種類は様々だ。

女性が髪を見せたり、肌を露出させてはならないというのは、『クルアーン』に規定されていることにはなっているけれど、実際に『クルアーン』を見ても、そこらあたりはかなり曖昧な書き方しかされていない。

これは、どこの社会でも共通したことで、女性が男性の視線に無暗にさらされ、その欲望を刺激することは好ましくないし、危険なことだと考えられている。昔の日本でもそうだったんだ。

でも、イスラム教徒の女性たちが、どこでもヒジャブを被るようになったのは、最近の傾向だとも言われている。以前はそういうことはあまりなくて、一種のファッションとしてはやり出したらしい。

おそらくこれは、イスラム教徒の移民などが増えて、彼らからすれば異教徒のなかで生活しなければならなくなったことが関係しているのではないだろうか。

ヒジャブを被れば、それで、口に出して言わなくても、その人間がイスラム教徒だということが分かる。そうなると、周囲の扱いも変わってくる。

逆に、被る側にとっては、それで自分がイスラム教の信仰をもっていることがはっきりと自覚される。自覚するために被るのか、被るから自覚が強まるのか、これは卵が先か鶏が先かのような話にもなってくるけれど、現代の社会においてイスラム教徒がおかれた状況というものがそこには深くかかわっているようだね。

移民してきた人間たちも、自分の国にいたあいだは、イスラム教徒としての自覚をそれほど強くは持たなかったはずだ。五行という信仰上の実践だって、それほど熱心ではなく、一日5回の礼拝などしていなかったかもしれない。

けれども、移民してくると、移民した先の社会にはなかなか溶け込むことができない。となると、同じ国から来た人間たちで固まるようになり、そのときに、信仰が共通しているということが重要な意味をもつことになる。信仰を通して、仲間同士で結束するわけだ。

日本人も、昔はハワイやアメリカ本土、ブラジルなどに盛んに移民したけれど、日本から信仰を持ち込まなかったし、それで結束するようなことはなかった。むしろ、そうした社会は皆キリスト教の社会だから、キリスト教に改宗して、現地に溶け込んでいく道を選んだ日本人が多かった。

そこには、日本の宗教がそれを生み出した土地というものと深く結びついていたことが影響していたのかもしれない。神道では、祈るというときに神社に出かけていってそこで祈るわけだから、神社がないと神道の信仰を続けることができない。それに日本の場合、個人が信仰するというよりも、共同体の宗教だからね。少なくとも、日本の宗教には食物規定などないわけだからね。キリスト教に改宗する敷居も低い。

ヨーロッパにイスラム圏から移民した人間だと、そうはいかない。現地の社会と交わることが難しいし、仲間の移民の数も相当なものになるから、仲間と別の信仰をもって、そこから離れてしまうのも、いろいろと問題を生むことになる。

移民という状況が、イスラム教の信仰を強化する方向に作用した。これは、現代になって起こった特異な現象だ。

たとえば、アメリカで同時多発テロを起こした実行犯の中心にいたのは、ドイツのハンブルグの大学に留学していたムハメド・アタというエジプト人だ。

彼は、最初はそれほど強い信仰をもってはいなかったけれど、ハンブルグの大学で学んでいる途中からイスラム教徒としての強い自覚を持つようになって、大学当局に祈りのための部屋を用意するよう要求したりした。

それが果たして彼が実行したテロとどのように関係するのか、本人も死んでしまったので、それをたしかめることができないけれど、そこに密接な関係があると考えないわけにはいかないね。

原理主義ということが言われ、とくにイスラム原理主義が問題にされるようになったのも、グローバル化が進み、そのなかで、自己のアイデンティティを確立するために、信仰ということを軸にした方が、それを容易に打ち出しやすくなったからだ。

とくに、異なる信仰をもつ人間に囲まれ、少数派になってしまったときに、その人間たちは宗教を核にして結束しようとする。僕ら日本人には、あまり経験のないことで、実際そういう場面に遭遇することが少ないんだけれど、世界では今、そうしたことがどこでも起こっている。

もちろん、ある人間が信仰の自覚を深めたからといって、すぐにそれがテロに結びつくというわけではないし、宗教同士の対立に発展するわけじゃない。多くの人は、そんなことは望んでもいないからね。

でも、風刺画の問題がそうだけれど、自分たちがひどくバカにされ、侮辱されたと感じたときには、反発が大きくなり、それが暴力に結びつくこともある。

おまけに、聖戦などということばがあると、暴力的な行為を正当化することにもなってしまうから、余計に問題はやっかいだ。

そこらあたりのことはどうだろう。君も異国に暮らしているわけだから、考えるところはあるんじゃないだろうか。

瀉血《しゃけつ》って知っているかな

そんなに面倒なものなら、宗教なんていらないじゃないって。

たしかに、君の言う通りかもしれない。

だからこそ、君のいるイギリスをはじめ、ヨーロッパの先進国では、教会離れが進んでいて、皆、無宗教になっている。神なんて信じられないからと言って、無神論だと言っているような人たちだっている。

今の社会では、宗教がいかに必要かを説明するより、いかに必要ないかを説明する方が簡単だ。それに説得力もある。

たとえば、昔だと、病気になったときには、宗教にすがる人が多かった。

なにしろ、医学が十分に発達していなかったからね。

今では、西洋医学の全盛時代で、医療技術は大きく発展してきた。昔だったら治らない病気でも、いくらでも治るようになってきた。

もちろん、医学でも治せない病気はあるし、人間には寿命というものがあるから、医学が万能とまでは言えないんだけれど、昔のことを考えると、医学の信頼度は抜群に上がっている。

君は、「瀉血」というのを聞いたことがあるかい。

ないだろうな。これは、昔から行われている治療法で、近代に入ってもヨーロッパやアメリカで行われていた。人の体から血液を外に排出させると、それと一緒に有害な物質も外に出てしまうから、治療の効果があるとされたものなんだ。

ばかげているって。

その通りだ。けれども、昔はけっこうこれが流行していた。普通の治療の方法になっていたと言ってもいい。

それも、医学にはそれこそギリシア以来の長い歴史がある割に、いっこうに有効な治療法を見つけることができなかったからだ。

西洋医学が、信頼を得るのは、病原菌やウィルスが発見されて、そうしたものを退治すれば病気が治ることが分かってからなんだ。

その点では、ドイツの細菌学者、ロベルト・コッホの業績は実に偉大なものだったということになる。コッホは、炭疽菌や結核菌、コレラ菌を発見した。

それには、コッホが細菌の培養法を確立したことが大きかった。病気の原因が細菌だと分かれば、その細菌を退治すればいいわけだから、治療法を打ち立てることもできる。西洋近代医学というものが信頼されるようになったのは、こうした細菌の発見からだ。結核菌の発見からまだ130年くらいしかたっていないんだよ。

西洋医学がまだ無力で、瀉血などという非科学的な方法に頼っていた時代には、病気にかかったとき、宗教に頼る人が少なくなかった。頼らざるを得なかったとも言える。医学が十分に発達していないだけではなく、保険制度なんかもなかった。そうなると、お金がなければ、医者にかかることも難しかった。

日本でも、近代になると、民衆宗教という、今で言う新宗教の先駆けになるような宗教が登場して、多くの信者を集めることになるけれど、その売り物になったのが信仰治療だった。

たとえば、天理教は、今では大教団に発展しているんだけれど、初期の時代には、「ピシャッと医者止めて、神さん一条や」というのが、布教のためのスローガンになっていた。医者にも薬にも頼らずに、強い信仰心さえもてば、病気は治るというわけだ。

今でも、そんなことを言う宗教家はいるかもしれないけれど、それも随分と減ってきた。天理教にしても、「天理よろず相談所病院」というのを建てている。

名前からすると、あまり大した病院ではないようにも思えるけれど、実際には近代医学にもとづく立派な病院で、設備も医者も優秀なので、関西地方では信者以外の一般の人たちの信頼を集めている。有名な人でも、最近はこの病院で亡くなる人が多い。

もちろん、病気と信仰を結びつける考え方は、今の天理教にもあるけれど、医者に一切頼らず、薬も飲まないで、信仰で病気を治そうとする信者はもういないだろうね。

それも、近代医学が発達して、宗教に頼る必要がなくなったからだ。

その点では、宗教はもう必要ないという考え方が生まれても仕方がない。

けれども、医学にも欠陥がある。欠陥と言うか、それはどうしようもないことなんだけれど、基本的に、なぜ病気になったのかということは教えてくれない。

もちろん、遺伝との関係など、研究は進んでいるけれど、その人が、なぜそのときに、その病気にかからなければならなかったのか、そのことを明らかにすることはできないんだ。

たとえば、肺ガンにかかった人がいて、その人がヘビースモーカーなら、喫煙が原因だろうと推測できるけれど、膵臓ガンの場合だったら、何が原因なのかさっぱり分からない。

末期ガンになったとしたら

現代医学の欠陥の一つは、治療の方法がない病気については手の打ちようがないということだよね。

その人が末期ガンにかかってしまい、いろいろなところに転移していれば、治療の方法はないわけで、医者は余命何ヶ月と宣言するしかない。

医者の側としては、いくら治療したいと思っても、その手段がないから、どうしようもない。痛みをできるだけ和らげる緩和《かんわ》療法を施すしかない。

そうした状況に陥ったとき、患者の方は諦めがつかない。家族だって、そうだ。なんとか治療の方法はないものかと、他の医者を探し出して、相談したりもする。セカンド・オピニオンというやつだね。

そんなとき、末期ガンを治したことのある宗教家がいるという話を誰かから聞いたりすると、信じられないとは思いつつ、その宗教家に頼ろうとしたりするものだ。「藁をもつかむ」という心境だね。

もちろん、宗教家に末期ガンが治せるはずもない。治せるなどと公言して、金を貰えば、それは詐欺になる。

ただ、誤診ということがまったくないとは言えないわけで、そのときには、信仰の力で末期ガンから奇跡的に回復したという話が出来上がったりする。

それに、世の中には、紛らわしい病気があって、悪性リンパ腫と同じような症状を呈するけれど、それは実は良性だという病気がある。発見者の名前から「菊池病」とも呼ばれているんだけれど、「組織球性壊死《えし》性リンパ節炎」というのが正式な医学上の名称だ。

だから、奇跡的な治療ということが起こり得るんだけれど、それは希なことで、いくら信仰にすがったとしても、それで病気が治るわけじゃない。

ただ、今は、病気にかかったときに、医者にはもちろんかかるけれど、その一方で、しっかりと回復するように、あるいは早く回復するようにと、同時に宗教に頼ることもある。手術の成功を祈って、神社でお百度を踏むという人ならいくらでもいるだろう。

昔なら、お百度参りをしても、いっこうに効果がないということが多かった。

ところが、最近では、同時に医者にもかかっているわけだから、治ることの方が多い。となると、お百度参りをしたことで効果が出るということがかえって多くなった。もしかしたら、医学の進歩が、信仰の効果を高めているのかもしれない。

たとえ、病気を治してはくれなくても、宗教が病気にかかった人、あるいは死に近づいていく人のこころを癒してくれるということはある。

とくに、死に近づいているというときには癒しということが重要な課題になってくるわけだ。

日本では、伝統的に念仏信仰が盛んだ。

宗派としては、浄土宗や浄土真宗が念仏信仰ということになるけれど、そうした宗派に属していなくても、死に際しては念仏に頼る、あるいは念仏を唱えるという人は少なくない。

それが、日本人には一番しっくりする死の迎え方なんだろうね。天使が迎えに来て、天国に行くという話にはなかなかならない。

歌舞伎や文楽なんかを見ていると、よくそういう場面に出くわす。たとえば、「菅原伝《すがわらでん》授手習鑑《じゅてならいかがみ》」という作品のなかに、「桜丸切腹」という場面がある。

これは、文楽での言い方で、歌舞伎だと「賀の祝」と言うけれど、三兄弟の一人、桜丸が、自分の責任で菅丞相《かんしょうじょう》（菅原道真）が太宰府に流罪になってしまったので切腹する。切腹が終わって、ちょうどその日70歳を迎えて、それを祝ってもらった父親の白大夫《しらたゆう》が、鉦《しょう》をたたきながら、「南無阿弥陀仏」の念仏を唱えるんだけれど、これは、本当に涙を誘う場面になっている。こういうときには、念仏しかしっくりこない。

念仏を唱えるのは、西方極楽浄土に往生するためだ。

今の社会では、浄土なんて存在しない、そんなものは非科学的な迷信だというのが普通の考え方で、浄土宗や浄土真宗の坊さんだって、本当に浄土を信じているのかどうか疑わしいところがあるけれども、一方で、僕たちは、誰かが亡くなったとき、それが長寿をまっとうしての大往生だったとすれば、きっと浄土に往生したに違いないと考える。

浄土が実際にあるとかないとか、そういうことが重要なのではなくて、亡くなった人の自然な成り行きとして、きっと今ごろは極楽浄土に往生しただろうと考えるわけだ。そういう気持ちは、まだ失われていない。

「死んだら無だ」という考え方もあって、そう公言している人もいるけれど、死んだら往生すると考えた方が、みんなの気持ちが落ち着くというのも事実だ。その点では、まだまだ宗教は必要とされているのではないだろうか。

ヨーロッパの無宗教は日本と違う

宗教が衰退して、無宗教の人間が増えている。

これは、日本でも言えることだし、ヨーロッパでも起こっていることだ。このことは最初に言ったよね。

でも、日本の無宗教とヨーロッパの無宗教とでは、性格が違う。

日本人の場合だと、自分は無宗教だと言う人が多いわけだけれど、それだからといって宗教とまったくかかわらないというわけじゃない。

神社にも行けば、お寺にも行く。ただ行くだけではなくて、そこで手を合わせ、神や仏に祈りを捧げたりする。

こうしたことは、外側から見れば、立派な宗教行為だ。神や仏を信じていないのに、それに祈りを捧げるというのはひどくおかしなことになるからね。

日本人の無宗教ということには、日本の宗教の歴史がかかわっている。

明治時代になるときに、神道と仏教を分けなければならないという考え方が高まって、そうした考えを持つ人たちが政府の中枢を占めることになったから、「神仏分離」ということが行われた。

それまでは、「神仏習合《しゅうごう》」が普通で、神社の境内には、それが少しでも規模の大きなものなら、必ず神宮寺《じんぐうじ》と呼ばれるお寺があった。神社とお寺がセットになっていて、お寺の坊さんが、神殿の前でお経を上げたりしていたんだ。

奈良にある春日大社のことは、歴史の教科書にも出てくるけれど、権力を握った藤原氏の氏寺で、隣りの興福寺が藤原氏の菩提寺という関係にあった。だから、今でも、正月二日には、興福寺の僧侶たちが春日大社にやってきて、社殿の前で読経する行事がある。

これは、今でこそ珍しい行事になるんだけれど、昔は、どの神社でも当たり前に行われていた。今では、神社には必ず神主がいて、神主が神社を管理しているわけだけれど、昔はむしろ坊さんの方が神社を管理していて、教義にしても、坊さんが仏教の教えを盛り込んで神道の教義を作り上げていったんだ。

お寺の場合にも、境内に鎮守《ちんじゅ》という形で神社が祀られていることが当たり前だった。今でも、そうした名残は各地に見られるけれど、神仏分離で、無理やり分けられてしまったようなところも少なくない。

この神仏分離は、前にも言ったけれど、廃仏毀釈ということに結びついて、お寺のなかには大きな打撃を受けたところも少なくないんだけれど、これ以降、神道と仏教とは別の宗教ということになってしまった。

もともと日本人は、神道と仏教のどちらにも関係していたわけだから、どちらか一つを選べと言われても、答えが出ないよね。

だからこそ、日本人は無宗教と答える人が多くなったんだけれど、そうは言っても、本当に宗教とかかわらないわけではなくて、神道にも仏教にもかかわっている。それが、日本の無宗教だ。

ところが、これがヨーロッパだと、日本と同じようにはいかない。ヨーロッパには、キリスト教が入る前に、それぞれの地域に土着の宗教があった。ゲルマンとかケルトの宗教だ。けれども、そうした宗教は、キリスト教のなかにすべて取り込まれてしまった。

キリスト教の年中行事と言われるものは、大部分が、そうした土着の民族宗教の行事を採り入れたものなんだよ。

クリスマスが典型だよね。新約聖書のどこを見ても、イエス・キリストが12月25日に生まれたなんて書いてない。本当だ。

ところが、12月25日というのは冬至に近いわけで、冬から春へと季節が変わっていく、つまりは古い年から新しい年へと変わっていく時期にあたる。

新しい時代を告げたイエス・キリストであるなら、そうした日に生まれるのがふさわしい。そういう考えが当然生まれるわけで、だからこそ、12月25日がキリスト生誕のクリスマスということになった。

そういう形で、土着の民族宗教は、キリスト教のなかに完全に取り込まれてしまった。だから、土着の信仰はもう残されていないんだ。

となると、キリスト教から離れてしまうと、それは宗教そのものから離れることを意味する。その点で、ヨーロッパの無宗教は、本物の無宗教だ。

無神論などは、神のような超越的、あるいは神秘的な存在はないと宣言するわけだから、日本の無宗教とはまるで性格が違うよね。

宗教とかかわりがなくなれば、信仰に対する関心も薄れていく。今、ヨーロッパのキリスト教社会で進行していることは、そういうことなんだ。

イスラム教が復興していると見えたとしても

これは、ロンドンにいる君に聞いてみたいところだけれど、ヨーロッパの人たちがキリスト教から完全に離れてしまったとしたら、いったいどうなるんだろうか。それでやっていけるんだろうか。それが気になるところだね。

そうした事態をさして、宗教学の世界では「世俗化《せぞくか》」ということが言われる。これは、僕が宗教学を学びはじめた頃からいろいろと言われてきたことだけれど、その頃は世界は世俗化の方向にむかっているというのが議論の中心だった。

世俗化によって、宗教の力は衰え、社会に影響を及ぼさなくなる。そして、個人は宗教に頼らなくなるというわけだ。

まさに、今のヨーロッパでは、この世俗化が大々的に進行していると言っていいのかもしれない。

ただ、それはヨーロッパのキリスト教世界で起こっていることであって、他の世界では、違った事態が起こっている。少なくとも、起こっているように見える。

イスラム教の場合だと、イランで「イスラム革命」ということが起こった。近代化が進められていたイランで、突如としてイスラム教の影響力が強まるという事態が起こったわけだ。そこから、イスラム教を中心に宗教の復興ということが言われるようになる。ヨーロッパに移民してきた人たちのあいだで、イスラム教が重要な役割を果たすようになったことも、そうしたことが関係している。

一方で、経済発展が続く国では、キリスト教のなかの新宗教とも言っていい、プロテスタントの「福音派《ふくいんは》」というのが勢力を拡大している。

福音派は、最初、イギリスで生まれて、アメリカで台頭することになるんだけど、アメリカでは、西部の開拓地なんかに巨大なテントを張って、そこで宣教師が説教をして、信仰を覚醒させるといったことが行われた。

そうそう、これはアカデミー賞をとった映画なんだけれど、『エルマー・ガントリー』という作品がある。

これは、なかなか面白い映画なんだけれど、飲んだくれのどうしようもないセールスマンがいて、いかがわしい商売をしていたんだけれど、女性の宣教師の説教を聞いて、その女性に恋してしまうんだ。

そのセールスマンは、宣教師の一団に加わって、説教をしたりする。セールス・トークも、バイブル・トークも、要は、価値のはっきりしないものをパフォーマンスを通して売り込むということでは同じだからというわけで、説教に成功する。そんな話だ。結末はこれも言わないから、一度見てみるといい。

アメリカでは、こうした福音派が発展して、今ではテレビを使って布教するテレビ教会や、大規模な教会を建てて人を集めるメガチャーチというのが生まれているけれど、政治的にも活発で、共和党の大統領を当選させることに貢献したりしてきた。

そういう福音派というのは、今経済が急速に成長している国々で信者を集めていて、中国なんかでもかなり伸びている。中国の共産党は、これを弾圧したりもしているんだけれど、あまりに広がりすぎてしまったので、昔の法輪功みたいに、完全に取り締まるということができなくなっている。

ブラジルでも、この国はカトリックの牙城と言われてきたけれど、経済発展が続くなかで、古いカトリックの信仰に飽き足らない人たちが出てきて、彼らは福音派に転向したりしている。これには、バチカンも強い危機感をもっているんだけれど、キリスト教の世界では、全体に福音派の台頭という現象が見られるわけだ。

それは、ヨーロッパのキリスト教がおかれた状況とは随分と違う。ただ、福音派の場合には、それぞれの国で経済発展の勢いが止まってくると、勢力の拡大も終わってしまうかもしれない。お隣りの韓国ではすでにそういう兆しが見えている。

そうなると、その先にはやはり世俗化ということが待っているんではなかろうか。イスラム教の国でも、このままイスラム教の復興という事態がずっと続くかどうか、それは分からない。

エジプトやサウジアラビアでは、今やイスラム教の信仰に対して政府が弾圧するような動きも起こっている。イランでも、イスラム教の根幹にあるイスラム法によって社会を律しようとしてきたんだけれど、それが緩みつつある。

そうなると、やがて世界全体が世俗化していくということも考えられる。

宗教なき世界が、いつかはやってくるかもしれないんだ。

日本の宗教でもエピファニーが

何？　話が難しくなっているって。

たしかに、宗教の問題を考えていくと、かなりやっかいなことが出てくるし、何しろ、究極的な価値をどこに求めるかということになってくるから、それも仕方がないんじゃなかろうか。

究極的な価値なんて言うからいけないって。

たしかに、娘に語っているわけだから、そんなことを持ち出すのはいかがなものかもしれないねえ。

それに日本のことがよく分からないって。

日本人の宗教というのはどうなっているのかって。

それをイギリスでも聞かれることがあるわけだ。

そうだろうなあ。日本人の宗教というのが、意外に海外の人に説明するのが難しい。

最初に、日本人が無宗教だと言いながら、けっこう宗教とかかわりがあるということは話したと思うし、折に触れて、他の宗教を説明するときに引き合いに出してきたつもりなんだけれど。

それで、日本人にとって、エピファニーというのはどうなるかって。それについてはまだ話をしていないということだね。北村サヨさんについてはしたけど、日本人全般にかかわる話はまだしていないね。

エピファニーというのは、日常の世界のなかに、突然、非日常の世界が出現したりするものだけれど、日本でだって、いくらでもそうしたことはある。むしろ、日本はエピファニーの機会が豊富だとも言える。

そうだなあ、現代の社会でもそれはあるよね。

たとえば、東北の青森県、下北半島には恐山というところがある。恐山自体は、曹洞宗のお寺になっていて、あたり一帯には硫黄が吹き出している。温泉もある。境内には地獄を思わせるような光景が広がっていて、そのなかに地蔵堂があったりする。

その地蔵堂には、身近で亡くなった人のいる人たちが、とくに若くして亡くなった人たちの身内が、亡くなった人の着ていた服とか遺品とかを持ち込んでいたりする。花嫁衣装なんてものもある。結婚もしないで亡くなったのはかわいそうだというわけだね。

その恐山には、イタコという人たちがやってきて、お寺の門前で、「口寄せ」ということをやったりする。僕は恐山には行ったことはあるんだけれど、イタコの人たちは祭のときなどにしか来ないので、僕は会っていない。

口寄せを目当てに来る人たちは、イタコに死者を降ろしてもらい、亡くなった人間と話をしようとするんだ。

実際、イタコには死者の霊が降りてきて、家族と話をする。

もちろん、その霊が本当に死んだ人間そのものかどうかなどということはたしかめようがないんだけれど、家族の方は、イタコの口を借りてしゃべる死者は、すっかり本物だと思い込んでいる。

だから、話を聞きながら涙をながしたりするわけで、これも特別な存在が現れるということでは、エピファニーとしてとらえることができるんじゃないだろうか。

イタコは、口寄せを商売にしているわけだけれど、それができるようになるには修行が必要らしい。その修行がかなり厳しくて、純粋な気持ちで口寄せができるような人でないと、修行にも耐えられないと言われている。

他にも、いろいろなところに、生き神と称している人たちはいて、依頼者の前で神憑りして、神や仏のお告げを降したりする。

これも、口寄せの場合と同じで、本当に神や仏が降ったのかどうか判断することは難しいんだけれど、依頼した側は、思い当たるようなことを言われるので、すっかり信じてしまうわけだ。

何か悩みを抱えているというときに、家族や知り合いに話をするのも、そうした人たちがその悩みごとに関係していたりするので、難しかったりする。だったら、まったく関係のない生き神さんに相談した方が、客観的な立場からアドバイスをしてもらえるということもあるだろうね。

イタコや生き神というわけではなくても、占い師なんかは、さまざまな方法を使って、神や仏のお告げを得ようとしたりするわけで、それはエピファニーに近いよね。

昔に比べると、こうしたものはだんだんすたれてきているような感じもするけれど、昔は、神や仏にすがるということは多かった。

とくに、農村社会では、その年豊作になるかどうかが一番の関心事になるわけで、神仏に頼っての豊作占いというのはどこでも行われていた。

神や仏が現れるということは、何も特別なことではなくって、いくらでも起こることだった。エピファニーが生活のなかに組み込まれていたと言えるね。

日本におけるエピファニー

日本の社会で、エピファニーが起こりやすいのは、そうしたものに敵対したり、取り締まったりする宗教的な権力が存在しないからじゃないだろうか。

中世のヨーロッパだと、異端審問やら、魔女狩りといったものがあった。

カトリック教会には、前にも話したように、公会議というものがあって、世界中から枢機卿や司教が集まってきて会議をする。そこでは、何が教義として正しいのかについても議論されるんだけれど、そこで認められた教義は「正統《せいとう》」と見なされ、一方で、正統でない教義は「異端《いたん》」ということになる。

こうした形で教義を定める機会がはっきりしている宗教というのはカトリック以外にはない。同じキリスト教でも、プロテスタントでは、こうした制度がないから、正しい教義と間違った教義という区別自体が成り立たない。

イスラム教も、組織というものがないわけだから、教義の定めようがない。だから、異端という考え方も生まれない。意外に思えるかもしれないけれど、仕組みとしてはそうなんだ。

仏教では、いくつもの宗派に分かれていて、それぞれの宗派のなかでは、正しい教えと間違った教えが区別されていたりする。

たとえば、日本の浄土真宗には、「異安心《いあんじん》」ということばがあって、これは、正統とされる教えからずれているものに適用される。ただ、あくまで浄土真宗の宗派のなかでの話だ。

日蓮宗でも、ここは、お釈迦さんの正しい教えは法華経にだけ伝えられているという立場をとるから、正しい教えと間違った教えを区別しようとする傾向が強い。日蓮宗のなかには不受不施派というのがあって、自分たちとは違う信仰をもつ人たちには施しもしないし、布施も受けとらないという立場をとったりした。

こんなふうに、それぞれの宗派のなかでは、正統と異端が区別されていたりするんだけれど、仏教全体として見た場合、宗派の枠を越えてしまうと、正統と異端の区別はまったく成り立たなくなってしまう。

その点では、中世のカトリックほど厳格なところはなかったということになるけれど、カトリックでは、悪魔の存在が認められていて、異端の教えを奉じるような人間は、悪魔にそそのかされていると見られたし、魔女も同じような扱いを受けた。

魔法を操るなどというのは、悪魔の業だから、火炙《ひあぶ》りにしてもかまわない。そうしたことで、実際に殺された人間も少なくなかった。

そんな状況では、エピファニーが起これば、それは、悪魔が現れたと見なされる。そうなれば、エピファニーが盛んに起こるということはなくなるわけだ。マリアの出現が起こるのは、そうした時代が終わってからだ。

その点、日本の場合には、カトリックのバチカンのような宗教的な権威が確立されていないから、エピファニーが起きても、すぐにそれが魔物の仕業だと考えられたりはしない。それに、日本では、平安時代に、中国から密教が本格的に採り入れられたんだけれど、密教では神秘的な力を扱うわけで、エピファニーは当たり前と見なされていた。密教の儀式自体が、神仏を呼び出し、その力に頼って、何かを成就しようとするものだからね。

中世の物語などを見ると、宗教家や祈願を行う人間の前に神仏が現れてお告げを降すという話がいくらでも出てくる。日本の物語世界は、エピファニーの宝庫とも言えるわけだ。たとえば、これはかなり事実に近いことをつづっていると思われる鎌倉時代の宗教家、一遍の旅をつづった「一遍聖絵《いっぺんひじりえ》」というものがあるけれど、念仏を書いた札を配っていた一遍は、熊野の近くで、通りかかった僧侶にそれを渡そうとしたところ、その信仰を持てないのでと言われて、受け取りを拒否されてしまう。

一遍としては、念仏は誰にとってもありがたいものだと思っていたので、それにショックを受けた。それで、熊野の本宮《ほんぐう》で、その悩みを打ち明けて祈るんだけれど、彼の前には、そこに祀られた熊野権現《ごんげん》が現れて、念仏で誰もが救われるということはすでに決まっていることなので、気にしないで札を配り続けるようにと告げられる。

一遍はそれで救われるんだけれど、これも彼にとってはエピファニーの体験だね。熊野権現というのは、念仏信仰の中心になる阿弥陀仏が日本に神として現れたものだと考えられていた。

さらに一遍は、「踊り念仏」というものをはじめるようになり、それで多くの人々の信仰を集めるようになる。「一遍聖絵」には、その光景がいくつか描かれているんだけれど、踊り念仏をしている一遍や仲間の僧侶たちは、恍惚とした表情で念仏を唱え、踊っている。彼らは、そのとき集団でエピファニーを体験していると言えるわけだ。

「一遍聖絵」は、一遍が亡くなってから、わずか10年で作られたもので、実際に同行した人間がことばを書いたのではないかと言われているから、事実を伝えている可能性が高い。

それに、一遍は最初から最後まで、貧しい僧侶の姿で描かれていて、脚色されていないから、そこに示されていることはかなり事実に近いのではないかと考えられている。

本当に、一遍の前に熊野権現が現れたのかどうか、それをどのようにとらえるかは難しいことだけれど、一遍自身そういう体験をきっと自分はしたと考えていたんではないだろうか。

同じ念仏信仰ということでは、浄土真宗の開祖となる親鸞がいるけれど、親鸞の場合にも、その伝記をつづった「親鸞聖人絵伝」とか、「親鸞聖人伝絵《でんね》」というものがいくつも作られている。

ただ、親鸞の場合には、亡くなってからかなり後になって作られているので、一遍の場合よりもさまざまな脚色が施されていて、そのまま事実と受けとることが難しい事柄が多い。

だから、伝説として考えるべきかとも思うんだけれど、たとえば、「六角堂の夢告《むこく》」といった出来事がある。

六角堂というのは、今でも京都市中京区にあるんだけれど、そこには観音菩薩が祀られていて、聖徳太子が建てたという、やはり伝説がある。

そのとき親鸞は、比叡山で修行をしている最中で、修行のやり方などにいろいろと疑問をもつようになっていた。それで、この六角堂に100日間籠もって、観音菩薩に対して祈り続けたわけだ。

その甲斐あって、95日目に、枕元に観音菩薩が聖徳太子の姿をとって現れた。そして、法然という僧侶がいることを告げ、法然の教えを聞くように促したんだ。

親鸞は、その通りに行動して法然の弟子になるわけだけれど、この夢告というのもエピファニーの一つのあり方だ。

親鸞の師となった法然の場合にも、「法然絵伝」というものが作られている。

その「法然絵伝」を見てみると、クライマックスになっているのは、法然が亡くなる場面だ。人間にはどうしても死が避けられないわけで、人生を追っていけば、最後には必ず死を描くことになるわけだけれど、仏教では、開祖であるお釈迦さんの死が涅槃と呼ばれ、悟りを開いたことと同じ価値をもつと考えられてきたので、その教えを継ぐ人間の死も、とても重要なものと考えられてきた。

とくに、法然は念仏信仰を説いたわけで、「南無阿弥陀仏」の念仏を唱えれば、他の修行をしなくても、西方極楽浄土への往生がかなうという説を唱えた。法然の弟子のあいだで、一度念仏を唱えればそれで往生がかなうと考える人間たちと、念仏は何度でも唱え続けなければならないと考える人たちが現れて、対立が生まれたりしたんだけれど、死んで浄土に生まれ変わることができるときには、浄土から阿弥陀仏が迎えにくるという信仰も生まれた。

日本の仏画の代表の一つに「来迎図《らいごうず》」というのがある。それはまさに、阿弥陀仏が迎えにきてくれたときのことを描いている。これ自体エピファニーを描いたものということになるけれど、阿弥陀仏には観音菩薩や勢至菩薩が伴っていて、他にもさまざまな菩薩がついてくる。

こうした来迎図が描かれたのも、いざ死を迎えるというときに、こうした形で阿弥陀仏に迎えに来てもらいたいと願ったからで、それをあらかじめ眺めることで、来迎のイメージを膨らませておかなければならないと考えられたわけだ。

法然の場合にも、「法然絵伝」では、法然が亡くなるときの場面が描かれている。西に向いて伏せっている法然には、浄土から迎えに来てくれた阿弥陀仏の頭から発せられた光が届いている。これが、浄土に往生できる証になるわけで、この絵は、法然の成仏がかなったことを伝えるものになっている。

中世から近世にかけては、この浄土教信仰がとても盛んになった。皆、死んでから西方極楽浄土に往生できることを願うようになった。そのために、熱心に念仏を唱え、法然のように来迎にあずかることができるようにと祈ったわけだ。

信仰というものは抽象的なものではなく、かなり具体的なもので、ビジョンを伴うことが多い。ビジョンを通して、人々はその信仰が正しいということを認識するわけで、やはり証拠が求められたわけだ。エピファニーは、まさにその証拠となる体験を意味していることになる。

続々と生き神さまが

中世から近世にかけては、さまざまな神が現れるという出来事が起こったわけだけれど、近代に近づいていくと、今度は、生き神という人たちが現れるようになる。北村サヨさんもその一人だ。

生き神というのは昔からあって、誰か特定の人間に神が降りたという場合には、その人間の口を借りて神が語り出し、お告げを降したりする。そういうことはいくらでもあった。

ところが、近代に入ってからの生き神は、たんに神のお告げを降すというだけではなくて、周囲から神として祀り上げられるようになって、そこには新しく教団と呼べるような組織が生み出されていった。

それは、新宗教の先駆的な形と見ることもできるし、民衆宗教としてもとらえることができるんだけれど、たとえば、天理教とか金光教、黒住教などという教団が生み出されていった。

なかでも一番興味深いのは、前にもふれた天理教かもしれないね。そう言えば、昔、奈良に旅行したときに、君を連れていったことがあったじゃないか。

奈良県の天理市には、天理教の教会本部がある。相当に大きな建物で、そこは礼拝所になっているんだけれど、敷かれた畳は3157畳にも及んでいる。覚えているかい。

別にその日は、特別な儀式があるというときではなかったけれど、信者の団体が来ていて、数百人が一斉に礼拝をしていた。それで礼拝所全体が埋め尽くされているわけではなかったけれど、それでも君にとってははじめて見る、びっくりするような光景だったんじゃないだろうか。

普通、そんなところに、信者でもない人間が入ったりすることはできないはずだけれど、天理教では、教会本部のある場所を「おぢば」と呼んでいて、人類が誕生したところとしてとらえている。人類全体が生まれた場所なんだから、信者であろうとなかろうと、誰にとってもそこが本当の故郷になるので、いつでも入ることができるわけだ。

しかも、そこには他に教祖殿と祖霊殿という建物があって、三つの建物は800メートルもある回廊で結ばれている。

回廊はかなり大きなものだけれど、そこかしこに信者の人たちがいて、絶えず廊下や手すりなどを磨いているから、塵一つ落ちていない。白い足袋をはいて回廊をめぐっても、まったく汚れたりはしないらしい。

もう一つ興味深いのが教祖殿だ。奥にあって、少し近づきがたい雰囲気があったけれど、そこには、90歳で亡くなった教祖の中山みきという人が、今でも生きているとされている。「そんなことあるの」と君は驚いていたけれど、これはおそらく、高野山で空海が生きているとされている信仰の影響を受けたんではないかと思う。生きているから、高野山でもそうだけれど、一日に三度食事が供えられているし、季節ごとに衣替えもしているらしい。テレビが普及するようになったときには、テレビが教祖殿の内部に持ち込まれたという話もある。

その中山みきという女性は、中年になってから神憑りするようになったんだけど、最初はお産の神さまとして知られるようになって、お産で苦しむ周囲の女性たちを助けた。どうやって助けたかと言えば、妊婦の腹に三度息を吹きかけ、三度腹をなでるというやり方で、一種の呪《まじな》いなんだけれど、当時は、お産をめぐってさまざまなタブーがあったのを、みきはそんなものは必要ないと否定した。その点では合理主義の立場にたっていたわけで、みきのことはやがて広く知られるようになっていく。

そうなっても、みきは神憑りを続けていて、それは信者のあいだでは、「お出《で》まし」と呼ばれていた。その点では、エピファニーが日常化していたとも言える。お出ましのときには、神がみきの口を通して語り出すんだけれど、信者たちはそれを書き留めていった。信者たちは、このお出ましを、みきが生き神である証拠としてとらえたんだけれど、教団の外の人間たちは、精神に異常をきたしているというとらえ方をした。

そこから、この生き神という存在をめぐって難しい問題が生まれてくるわけだけれど、みきはさらに、人類がどのようにして誕生してきたのかを神話として語るようにもなっていく。

これは、あまりないことだ。古事記の神話がもとになっていて、そこに登場する神々がみきの神話にも出てくるんだけれど、泥海のなかからはじまった創造の過程はけっこう大変なもので、人類が生まれるまでには長い年月が必要だったとされた。おそらくそこには、みきがお産の神さまとして最初知られるようになったことが関係していて、お産の苦しみが神話という形をとって表現されたんではないかと考えられるんだ。

みきはそこから、自分が住んでいた屋敷こそが人類が誕生した場所であるととらえるようになったので、それをもとに巨大な神殿が建てられるようになる。なかなかダイナミックな話だろ。エピファニーから一つの宗教がどのようにして生み出されていくのか、天理教は興味深い実例になっているわけだ。

僕は中国の映画館で囲まれたことがあった

そろそろ君も日本に帰ってくるというわけだね。

どうだい。早く帰りたい、それとももっといたい。

そりゃそうだ。日本にいるより、面白いことも多いようだから、もっといたいと思うのは当然だろうね。

でもまあ、そういうものだよ。どんなことでも、終わりは来るし、次にしなければならないことだってある。

それに、日本に戻ってきたら、これまでとはいろいろなことが違って見えてくるんじゃないだろうか。

僕は、留学の体験がないから、そこらあたりのことははっきりとは言えないけれど、外国に行ったことは何度かあるし、外の国を見るということは、一つの経験になって、それ以降のものの見方に影響する面はあるよね。

そうそう。前にもちょっとふれたけれど、僕がはじめて外国に行ったのは、まだ20代の半ばだった。当時僕は大学院の学生で、行った先は中国だ。

これまでその話はあまりしたことがない気がするけれど、これがけっこう面白かった。その頃の中国は、今とはまるで違う。もっとも、僕は最近の中国には行っていないので、実際には知らないんだが、随分と中国の社会が変わったということはいろいろな形で伝えられているからね。

僕が行ったときは、まだ、中国に観光客が自由に行けるようにはなっていなかった。だから僕は医療と教育関係の友好使節団のなかに入れてもらって、それで中国に渡ったわけだ。それは、毛沢東が亡くなった次の年の夏休みのことだった。

医療と教育の関係者の使節団だから、訪問先は病院とか学校とかが多かった。日本の医者と中国の医者のあいだで、骨折の処置の仕方について論争が起こるのに接したりもした。その頃の中国の人たちは、男性の場合には人民服というのを皆が着ていて、当時の日本と比べて相当に遅れていた。まだ、市場経済などまったく導入されていないわけで、今みたいに大都市に高層ビルが建ち並ぶなんて光景はまったく見られなかった。

それに、今では悪名高い文化大革命の余波が続いていて、日本の側が要望した北京大学の訪問などはかなわなかった。まだ、大学の構内が混乱しているからだめだというんだ。

今でもよく覚えているのは、いろいろな学校を訪問すると、そこで歓迎の催し物をしてくれるんだけれど、必ず、文化大革命を中心になって引っ張っていった「四人組」という人たちがいかに悪辣《あくらつ》かを説明するための劇を上演してくれたことだね。

小学校でも中学校でもどこでもそうだった。はじめ、僕らはそれを珍しがって、面白く見ていたんだけれど、どこへ行ってもそれだから、しだいに飽きてしまった。でも、友好使節団だから、そんな態度をあからさまに示すことはできないし、止めてくれと言うわけにもいかないからね。

宿泊するところは豪華で、食事にしても、2週間のあいだ、一度も同じメニューが出なかったのには驚いた。どれもおいしくて、しかもたっぷりあって、その点では、天国みたいな旅行だったんだ。

ただし、使節団だから、自由に行動するわけにもいかない。一度、北京のワンフーチンという繁華街に出かけて、そこにある庶民的な店でワンタンを食べようとしたことがあるんだけれど、僕らが日本からの旅行者だと分かると、列に並んでいた中国の人たちが順番を譲ってくれたりもした。

それは今では考えられないことなのかもしれないけれど、そうだ、西安という街に行ったときには、ちょっと怖い体験もした。

西安というのは、唐の時代には長安と言って、首都になっていたところだ。弘法大師空海が留学したところでもあるね。

でも、僕が行ったときの西安は、北京や上海に比べると、都市化が進んでいなくて、田舎町という感じが強かった。

僕は、使節団のメンバーと町に出て、映画を見ようとしたんだけれど、映画館の前まで行ったら、そこで中国の人たちに囲まれてしまった。

別に、僕らを脅そうとか、そういうわけではなかったみたいなんだけれど、おそらく日本人が珍しかったんだろう。僕らを遠巻きにして、じっと見つめていた。それで、映画を見るのは諦めて、戻ってきてしまったんだけれど、とにかく当時の中国はそんな状況だった。

でも、その時代には、まだそれほど多くの日本人は中国に渡っていなかったんだから、僕はかなり貴重な体験をしたことになる。今でも、そのときのことはよく覚えている。

たとえば、店で店員と客が喧嘩していたりして、そんなのは日本ではお目にかからない光景だから、それにはびっくりしたりもした。

何もかもが珍しかったから、本当に楽しい2週間で、あれほど興奮した旅行はそれ以降ない気がするね。

通過儀礼ということがある

留学もそうだし、旅行もそうだね。とくに長期にわたる旅行だと、自分が生活している国から長く離れるわけで、そこで日常生活が一時中断することになる。

僕の最初の中国旅行の話の続きだけれど、日本に帰ってきてみると、エルビス・プレスリーが死んだというニュースを聞いたんだ。

その頃は、インターネットなんてものはないし、中国は、まだ国を閉ざしていたから、海外のニュースなんてまるで伝わってこない。だから、帰国してはじめてそれを知ったんだけれど、それで、自分はけっこう長い間日本を離れていたんだということを実感した。

今だとインターネットが使えるし、イギリスにいても、日本のサイトにつなげれば、日本のニュースなんていくらでも見ることができるだろ。友だちとだって、ネット上では、日本にいたときと同じような付き合いができるはずだ。

でも、時代の空気というのか、日本にいないと感じられないことはある。その空気が微妙に変化していることは、そのなかにいないとなかなか分からない。

だから、そこから一時的にでも離れるということは、特別な体験になっていく。少なくとも、その可能性はあるわけだ。

まだ、「通過儀礼《つうかぎれい》」の話はしていなかったよね。

通過儀礼というのは、一般には、人生の節目で経験しなければならない儀礼のことだ。

たとえば、子どもだったら、生まれてすぐの初参りや七五三がそれにあたる。成人式もそうで、それを契機に、子どもが大人になっていく。

もちろん、現代の成人式は、たんなるイベントにすぎないかもしれないけれど、昔は違った。

武士の社会だと、「元服《げんぷく》」という通過儀礼があって、それを経ると、大人の仲間入りを果たすことになる。それは、戦場に出ていって戦う人間になるということでもあるわけだから、とても重要なことだ。

場合によっては、通過儀礼を経験するときに、試練を与えられることもある。

これは今でも行われていることだけれど、紀伊半島には大峰山というところがあって、そこは、山伏の修行の場になっている。

山伏というのは、修験道の実践者になるわけだけれど、僧侶が出家するのに対して、山伏は俗人のまま修行をして、霊力を身につけていくことになる。

大峰山での修行のなかでは、覗《のぞ》きというのがあるんだ。これは、断崖絶壁の上から身を乗り出すものだ。命綱はついているんだけれど、先輩の行者が、体を押してくるから、断崖絶壁から半分空中に乗り出したような格好になる。

これは、かなり怖いみたいなんだけれど、一つの試練になっている。他にもいろいろ試練が与えられる。そして、修行をしっかりとこなした人間でないと山伏になることができないようになっている。

つまり、大峰山での修行は、山伏になるための通過儀礼になっているわけだ。

こうした通過儀礼としての修行というのは、さまざまな形をとっている。日本では、こうしたことがかなり多いんだ。お坊さんになるのに、かなり厳しい修行を経ないといけない宗派も少なくない。

たとえば、禅宗に曹洞宗という宗派があるけれど、この宗派の僧侶になるためには、大学などで教えを勉強するだけでは不十分で、本山などに籠もって修行をしなければならない。

曹洞宗の修行道場として一番有名なのが福井にある永平寺だ。そこは、曹洞宗を開いた道元が建てた禅の道場で、曹洞宗の僧侶になろうとする人間は、最低でも一年間はそこで修行をしなければならない。

つまり、永平寺の修行は禅僧になるための通過儀礼になっているわけだ。それがかなり厳しくて、朝の3時から起きて、坐禅や読経をするだけではなく、廊下の掃除やその他の仕事もこなしていかなければならない。

すべての作法が定められていて、修行する人間はそれを身につけていかなければならないんだけれど、そう簡単に作法通りにできるわけじゃないから、先輩の僧侶に殴られたり、きつく叱られたりする。

そのあいだは、一年間、普段住んでいる場所から離れなければならない。その点は、君の留学と同じだね。

通過儀礼というのは、三つの段階に分かれていて、日常の生活からの「分離」、そして、試練を伴う「移行」の期間、そして日常生活へ戻る「再統合」の段階を踏んでいくことになる。

どうだい、留学というのも、この通過儀礼の三段階にあてはまるだろ。君は留学をすることによって、通過儀礼を経験していることになるんだよ。

日常のなかにだって通過儀礼がある

通過儀礼として留学を考えてみたら、何か気づくこともあるんじゃないだろうか。まだ日本に帰ってきたわけじゃないから、そんな見方ができるようになるのは、そのときになってからかもしれない。

通過儀礼というのは、宗教の世界ではとても重要なことだけれど、実は、普通の人間の人生でも、これはかなり重要な意味をもっている。

留学のように、はじめから通過儀礼になる可能性があると分かっているものもあるけれど、実際に効果が大きいのは、むしろ偶然に起こった出来事や事件を契機にして、それが通過儀礼になるという、そういう場合の方かもしれないね。

まだ君はさほど経験してはいないとは思うけれど、人生というものは、いつも思い通りにいくとは限らないし、とんでもないことが起こって、それで人生のコースが大きく変わってしまうということだってあり得る。

実際にはそちらの方が、人生における試練になって、その人間を変えていくことにもなっていくものなんだ。

それは、修行ということと比べてみるといいかもしれない。

たしかに、大峰山での山伏修行も永平寺での禅の修行もそうだけれど、かなり厳しいものではある。身体的にきついこともあれば、精神的にきついということだってある。

でも、修行は止められないわけじゃない。途中でそれを投げ出すこともできなくはない。

もちろん、そうなると修行に失敗したという挫折の体験になってしまって、それがトラウマになり、生涯その傷を引きずるなんてことがないわけじゃないけれど、自分には向いていなかったと思えれば、それでトラウマを解消できたりする。

ところが、日常のなかで接する試練となると、簡単には逃れられない。逃れようがないし、どこまでもつきまとってくる。

たとえば、自分が大失敗をしでかして、他の人に迷惑をかけたなんてときはそうだ。

相手が許してくれれば、なんとかなるけれど、そうでないと、いったいその事態にどう対処したらいいのか、深く悩まなければならない。相手から激しく責められるかもしれないし、孤立無縁になって、誰にも助けを求められないなんて状況にたたされるかもしれない。

謝り続けるのも辛いし、そもそも本当に自分に責任があるのかどうか、それが納得できなかったりもする。そんなものだ。

その状態からどう脱していいのかが分からなくて、それが何ヶ月も、何年も続いたりすることだってある。

それこそが、人生における試練で、そこをなんとか突破していかないと、次には進めない。

うまく次に進むことができれば、それは自分にとって通過儀礼であって、成長のためのきっかけだったと考えられるようになるかもしれないけれど、それまでには時間もかかるし、必ずそうなるとも限らない。辛抱も必要だ。

でも、そこで重要なのは、通過儀礼というものがあるということを知っているかどうかだ。

それを知っているかどうかで、意外なほど後の事態が変わってくる。

通過儀礼ということばを知っていれば、自分がどうしようもない状態に陥ったとき、自分は今、通過儀礼における試練にさらされているのではないかと考えることができる。

通過儀礼では、いったん日常の生活から切り離され、特別な状態におかれるわけだけれど、それを乗り越えれば、また日常の生活に戻っていくことができる。しかも、前よりも人間として成長して戻っていくことができるかもしれないんだ。

たとえば、就職に失敗したら、これも試練で、次にはもっといい職が来る前兆だくらいに考えられれば、随分と楽になってくるんじゃないだろうか。

うまくいかないのは、何かそこに原因があるからで、その道をずっと進んでいっても、いいことはないものだ。

人生は、何でもうまくいくわけじゃない。

決して平坦ではないし、いたるところに障害物があって、僕らの行く道を邪魔している。障害物にぶちあたれば、何でこんな目にあわなければならないのかと、嫌な気持ちになるかもしれないが、それはしょうがない。障害物に一度もぶち当たらない人生なんてないし、もしそんな人生があったとしたら、かえって面白みに欠けるんじゃないだろうか。

神さまは試練を与えてくれる

宗教というものが、僕らにとって意味をもつのは、そこには、試練に直面した人間の物語がたくさんあるからだ。

たとえ神さまや仏さまを信じていたとしても、それだけで人生はすべてがうまくいくわけじゃない。

信仰熱心な人間が、そうした試練に直面したとき、それだからといって、簡単に神や仏を捨てたりはしない。自分を苦難に直面させた神仏の方が悪いと言って、すべてを信仰対象のせいにしたりはしないものだ。

そのとき、信じている人間は、まだ自分の信仰が十分ではないから、神や仏はこうした試練を与えたのだと考える。困難な出来事に直面して、にっちもさっちも行かなくなったのは、自分がまだ未熟で、神や仏は自分を成長させるために試練を与えたのだと考えようとする。

キリスト教の「創世記」のなかに、高齢になってようやく子どもを授かったアブラハムが、神からその子どもを犠牲にするように求められた話はしたはずだ。

アブラハムは、そのとき、なんでそんな理不尽な目にあわなければならないのかと、神に嘆いたりもしなかった。素直に神の命じるところにしたがって息子を犠牲にしようとした。それを見て、神はアブラハムの信仰の強さを認めることになる。

「ヨブ記」に出てくるヨブもそうだ。神はヨブの信仰が本物かどうかをたしかめるために、さまざまな試練を与えるが、ヨブのこころは揺れなかった。

僕らの感覚からすると、旧約聖書に出てくる神は随分と疑り深くて、残酷だと思えるかもしれないけれど、信仰を貫くには試練を克服したという体験がどうしても必要なんだ。

仏教でも、お釈迦さんの前世の物語である『ジャータカ』のなかには、それに似た話が出てくる。

そうそう、奈良の法隆寺に玉虫厨子というものがあるだろ。今伝えられているものは、かなり色が落ちてしまっていて、そこに何が描かれているのか、よく分からなくもなっているけれど、これには割と最近作られた精巧な複製がある。

それを見るとよく分かるんだけれど、そこには「捨身《しゃしん》飼虎《しこ》」という場面が描かれている。これは、お釈迦さんの前世である王子が、飢えた虎に出会い、自分の身を投げ出して自分を食わせ、それで虎の母子の命を救ったというものだ。

果たしてそんなことが本当に起こったのかどうか、たしかめようもないし、そもそもお釈迦さんの前世がどのようなものだったのか、僕らには分からない。

でも、その絵を玉虫厨子に刻んだ人たちは、自分の命を捨てるということが信仰上もっとも貴い行為だと信じていたから、その絵を選んだに違いない。

困っている人がいたとしたら、そのためには自分の命も投げ出す。それが、仏教がめざす究極の姿勢だというわけだ。

僕らがいろいろな出来事について悩みを抱えてしまうのは、自分の幸福を何よりも優先してしまっているからかもしれない。

仏教ではそれを煩悩、あるいは執着としてとらえて、そこから脱しなければ、本当の幸福は得られないと説いている。

「利他行《りたぎょう》」ということばもあるけれど、自己ではなく、他者のために生きることこそが貴い振る舞いだというわけだ。

たしかに自分のことだけを考えていると、人間行き詰まってしまいやすい。自分の望んでいることが、そのまま実現されるわけではないし、そこには他人の思惑ということもかかわってくる。

そのとき、いったん自分のことはおいておいて、周囲の人たちのためにはどうしたらいいのかと考えてみると、物事がそれまでとは違うものとして見えてきたりするんじゃないだろうか。

ひとまず自分のことは棚にあげて、どういったことが自分の周りで起こっているのか、進行しているのかを観察してみるんだ。

自分を勘定に入れないと、案外、周囲の状況がすっきりと見えてくる。

留学するとそうだろ。日本にいるあいだには、人間関係でいろいろと悩んでいても、もう自分はそのなかにいないわけだから、客観的に物事を見ることができたりする。

そうなると、何で自分がそんなことに悩んでいたのか、疑問を感じるようになるし、うまくいけば、解決方法も見えてくるかもしれない。

それが個人の成長ということにつながれば、まさに通過儀礼を経たことになる。

宗教家の直面した苦難と比較すれば、自分が思い悩んでいることなど、それほどたいしたことではないと感じられてくるかもしれないんだ。

君が少し大人に見えた

そうなんだよ。君の言うとおりだ。

結局、エピファニーというのは通過儀礼に通じている。

どんなものでもいい、エピファニーと言えるような現象に遭遇したとき、それを経験した人間は変わっていく。

最初に話をしたように、空港にほとんど裸で現れたレディー・ガガに遭遇したりすれば、それはたんに忘れられない出来事ということにはとどまらなくて、物事に対する見方が変わるかもしれない。

もちろん、そんなことばかげていると考えて、無視してしまう人だっているだろうが、それに激しい衝撃を受ける人間だっているわけだ。

体験は人間を変えていく。一度経験すると、それまでとは同じようには生きられなくなる。

だから、エピファニーが通過儀礼になるわけだ。

通過儀礼は、成人式もそうだけれど、儀式として行われるものもある。結婚式もそうだし、葬式もそうだ。

そうした通過儀礼には一定の形式があって、それに則って儀式は進んでいく。成人式の場合、それを経験することで社会的に大人として認められたということになるわけだけれど、それに列席したからといって何かが変わるわけじゃない。

それよりも、それまでできなかったことができるようになったりした方が、自分が変わったという自覚をもつことになる。

覚えているかな。

あれは、君が中学校の一年生だったときだ。そのとき何の用事で出かけたのか、もうはっきりとは覚えていないけれど、もしかしたら矯正歯科に行くのについていったときだろうか。

診療が終わって、新宿の町だから、お茶でもしていくかということになった。それで街角のカフェに入ったんだけれど、君は何を注文したらいいのか、随分と迷っていたんじゃなかったっけ。

それで結局、チョコレートの入ったコーヒーを注文した。すると、君はそれを飲んで、「おいしい」と言ったわけだ。

それまで、君はコーヒーなんて飲んだことがなかったんじゃないかな。たとえ、飲んだことがあっても、おいしいとは思わなかったはずだ。

ところが、そのときはコーヒーがおいしいと感じた。もちろん、チョコレートも入っていて、随分と甘いコーヒーだったんだけれど、コーヒーが入っていることは間違いない。

それから、家でもコーヒーを飲むようになった。君がそのとき、どういった感じになったか、本人ではないので分からないけれど、コーヒーをおいしいと言っている君を見て、僕は、君が少し大人になったような気がした。

人間というのは、そうやって大人になっていくものだと、改めて考えたりもした。

それも、そうたいした出来事ではないのかもしれないけれど、一種の通過儀礼だ。子どもから大人へと一歩進んだわけだからね。そのときの君には、コーヒーがまさにエピファニーだったわけだよ。

だから、エピファニーというのは、それほど大事ではなくて、日常のなかの何気ない場面でも遭遇することがあるものなんだ。

そうした経験をどれだけできるかってことが、その後の人生を進んでいく上ではとても重要なことになってくるんではないだろうか。

何ごとも経験なんだよ。

たとえ、そのときこれは悪い体験で、できるなら避けたかったというようなことがあったとしても、それはそのときのことで、後になると感じ方や評価が変わってきたりする。たとえ悪い体験でも、それは、人生を変えていくことに結びついていったりもするし、そうでもしないと、その体験を消化できない。失恋なんてまさにそうだ。君にその体験があるかどうか、僕は知らないけどね。

時間が経ってみると、その体験を通して嫌な気分になっていたのも、もう忘れてしまい、物事を醒めた目で見ることができるようにもなっていく。

そうなると、嫌な思いも大部薄れてしまうし、案外それがあったから、その後にいいことがあったんだということに気づいたりもする。

だから、体験というのは、つまりはエピファニーということだけれど、無駄になるということがない。無駄なことにしてしまうのはもったいないんだよ。

さあ、ちょっとお説教くさくなってきたところで、これで話は終わりにしようか。

もう直、本物の君に会えるわけだから、それを楽しみにして、僕の宗教についての話はこれで終わりだ。

おわりに

宗教の世界では、信仰をいかに継承していくのかということがとても大きな意味をもちます。信仰が親から子どもの世代に受け継がれなければ、それで途絶えてしまうからです。実際、その人がどうして信者になったかを考えた場合、親からそれを受け継いだ、親の影響があったというケースが少なくありません。

それは、伝統的な宗教だけに言えることではありません。新宗教というと、他人からの勧誘によって信者になる人間が増えていくというイメージがあり、強引な布教活動が問題になったりもします。

ところが、たとえば熱心に布教活動を展開している教団であっても、親から信仰を受け継いだという人間が少なくありません。親が信仰しているから自分も信仰する。そうしたケースが意外なほど多いのです。

これが、新宗教ではなく、伝統的な宗教ということになれば、親から子への継承は当たり前のことです。親から子、子から孫へという形で受け継がれていきます。そこには、人が家族のなかで生活しているということが大きな意味をもちます。

キリスト教やイスラム教は、世界全体に広がっていますが、そのなかのほとんどの人たちは、自分がキリスト教の世界に、あるいはイスラム教の世界に生まれたから信仰をもつわけで、自動的に入信することが一般的です。

キリスト教では、入信を確認する機会として洗礼というものがありますが、カトリックなら、本人の意思がまったく明らかではない幼児の段階で洗礼を受けます。プロテスタントになれば、信仰の自覚をもってはじめて洗礼を受けるということにもなりますが、それはあくまで建前で、ある程度成長した段階で、家族に促されて洗礼を受けるというケースの方が多いでしょう。

それは、日本で赤ん坊が生まれたときに、地域の氏神を祀る神社に赴いて、初参りをするときと変わりません。そのとき、赤ん坊はもちろんですが、親も、それが入信の儀礼であるとは考えませんが、生まれたばかりの赤ん坊を氏神に対面させるのは、どう考えても入信の儀礼と言えるものです。

親から子に受け継がれるものは、信仰だけではありません。その点が最近の日本社会ではかなり曖昧なものになってきていて、それは大きな問題でもあるのですが、仕事など、親から子へ受け継がれるものの典型でした。

農家であれば、そこに生まれた子どもは、幼いうちから農作業の手伝いをさせられ、自然とそれを覚えていきます。それは、漁師の家でも、職人の家でも、さらには自営業の家でも変わりません。

ところが、最近では企業に雇われる人が増えてきました。つまり、サラリーマンが増えてきたわけです。サラリーマンの場合には、仕事と家庭生活は分離していますから、子どもは親がどういった仕事をしているかさえ知りません。

それでは、親の仕事を受け継ぐということにはまったくなりません。同族企業を除けば、いくらコネで入社しても、親と同じ会社に子どもが勤めるということにはなりません。

これは、考えてみると、かなりやっかいな問題をはらんでいます。

親が子どもに伝えるものがないとすると、親子関係にどういった意味があるのか、それさえも曖昧なものになってしまいます。

サラリーマンの親としては、学歴が必要だということで、子どもの教育ということに多くの金を費やしたりします。でも、その教育は、他人に頼ってしまうもので、自分でやるわけではありません。

少なくとも、子どもの方では、親から何かを受け継いだという実感を得ることはできません。それは、親子の関係として決して幸福なことではないように思います。大学でも、それに関連する事柄を教えています。

私の場合、宗教学の研究者として、数多くの本を書いていています。

でも、自分の子どもが読者に想定されているかといえば、必ずしもそうではありません。大学での授業にしても、子どもがその大学に入学して、なおかつその授業に登録しない限り、私が何を教えているのかを知ることもありません。

やはりそれはよくないことでしょう。一般の読者に伝えることも重要ですが、自分の子どもに対しても、何かを伝える、何かを残すということが大切であるように思えます。

この本は、そうした思いから生まれたものです。私には娘しかいないので、娘に語りかけるというスタイルをとってみました。

男親と娘という関係は、男親と息子という関係とはきっと違うものでしょう。私にはその経験がないので分からないところがありますが、息子であれば、もっと構えてしまうようにも思えます。

父殺しということがあって、私も、その問題についてはいくつかの本のなかで書いてきましたが、息子にとっては父親は、それを乗り越えなければならない存在として意識されるのではないでしょうか。とくに、同じようなことをしているというのであれば、息子にとって父親はライバルになります。そのライバルにむかって語りかけるということは、なかなか難しいのではないでしょうか。

もちろん、私の娘が急に宗教学を勉強したいなどと言い出すかもしれません。あるいは、宗教学ではなくても、学問の道に進みたいと言い出すかもしれません。

そのときは、こちら側の姿勢にも変化が生まれることでしょう。果たしてそうした機会はめぐってくるのでしょうか。それも、娘がなんらかのエピファニーを体験するかどうかにかかっているはずです。

2016年2月14日　　島田裕巳

島田裕巳（しまだ・ひろみ）

文筆家・宗教学者。1953年生まれ。東京都出身。東京大学大学院人文科学研究科博士課程修了（宗教学専攻）。放送教育開発センター助教授、日本女子大学教授、東京大学先端科学技術研究センター特任研究員、同客員研究員などを歴任。現在は東京女子大学非常勤講師。『葬式は、要らない』（幻冬舎）、『プア充　高収入は、要らない』（早川書房）、『0葬　あっさり死ぬ』（集英社）など、著書多数。

宗教《しゅうきょう》学《がく》者《しゃ》の父《ちち》が娘《むすめ》に語《かた》る宗教《しゅうきょう》のはなし

2016年3月12日発行

著　者　島田裕巳
発行人　佐久間憲一
発行所　株式会社牧野出版
〒135-0053
東京都江東区辰巳1-4-11　STビル辰巳別館5F
電話 03-6457-0801
ファックス（ご注文）03-3522-0802
http://www.makinopb.com

印刷・製本　株式会社光邦

内容に関するお問い合わせ、ご感想は下記のアドレスにお送りください。
dokusha@makinopb.com
乱丁・落丁本は、ご面倒ですが小社宛にお送りください。
送料小社負担でお取り替えいたします。

ISBN 978-4-89500-204-2